中学校英語サポートBOOKS

JN039957

単語を
制する者は
英語を制す!

苦手な子も読める!書ける!使える!

中学校の英単語「超」指導法

瀧沢広人 著

明治図書

はじめに

　私には，前々からずっと書きたいと思っていた本がありました。それが，この「英単語指導法」の本です。英単語は，英語を学習するために絶対に欠かせないものです。しかし，その大切な学習であるべき英単語は，授業中において，意味を確認し，発音を教え，リピートさせるところまでで，肝心な〈書ける〉ようになる学習は，家庭学習にしてしまっていることが実状なのではないでしょうか。そのような学習で，勉強を苦手とする生徒は，英単語が書けるようになるでしょうか。私には，どうしてもそう思えないのです。

　中学校教員だった私は，英単語指導は「英単語が書けるようになるところまで」としていました。英単語の意味が分かる，英単語が読める，ではなく，書けるところまでを教師の仕事として捉えていました。よって，英単語を書いて綴りを覚えるという学習を授業中に行い，どのように指導したら，生徒は英単語が書けるようになるのかを日々研究していました。その研究の過程は，『中学英語50点以下の生徒に挑む』（明治図書）で紹介しました。当時，東京都の中学校教員の岡﨑伸一氏（熊本大学大学院准教授）とともに温泉に浸かりながら，どうしたら英単語が書けるようになるかを話し合ったことを今でも覚えています。

　私が行ってきた英単語指導は，音のまとまりごとに書いて練習するという方法です。1日5つずつ英単語を，音のまとまりごとに練習させます。音のまとまりごとに英単語を区切ることで，英語の苦手な生徒が，英単語が書けるようになってきました。しかし，感覚的には，そう思うものの，実際に効果があるかどうかは，分かりませんでした。そこで，私が50歳になったことを機に，通信制の大学院に入学し，研究テーマを「英単語が書けるようになる指導法」とし，実践してきたことの効果を確かめようとしました。

　研究の結果，見事，その効果は実証されました。生徒を2グループに分け，1つのグループには，音のまとまりごとに練習させ，もう1つのグループには，「1行書いて練習しなさい」とだけ言って，プリントに練習させました。

これを，１単元分，４回に分け，合計27の英単語を扱った後，抜き打ちでテストしました。すると，まとまりごとに練習したグループが，ただ１行練習しなさいと言ったグループよりも，平均して約２点，高い結果が出たのです。もちろん，指導前に事前テストを行い，その事前テストと事後テストを統計的な分析（分散分析）した結果，有意な差が確認できました。

　このことにより，「ただ１行書いて練習しなさい」よりも，「まとまりごとに練習させる」の方が，英単語が書けるようになるという効果が確かめられたのです。「まとまりごとに練習する！」というたったそれだけのことですが，効果があることが分かったのです。

　英単語は英語学習に必要なものであると同時に，英単語が書けるようになるという自信が，その後の英語学習への意欲へとつながります。「たかが英単語，されど英単語」です。本書では，どのようにしたら，生徒が英単語を書けるようになるのか，活用する語彙力とは何かをお伝えできたらと思います。

　まず，Nation（2013）による「語彙知識の様々な側面」を確認した後，以下の構成で，英単語指導について提案します。

　どうぞ，生徒のため，英単語を書けるようにさせ，英語学習に自信をもつ生徒を育てていきましょう。

　2021年７月

岐阜大学教育学部　瀧沢広人

Contents

Chapter 3 — 書けるようにする！英単語指導システム

Chapter 4 — 慣れ親しませる！スキマ時間の英単語指導アイデア

<table>
<tr><td>**Chapter 5**</td><td>「知識・技能」を評価する！
英単語テストアイデア</td></tr>
</table>

Prologue

語彙知識の
様々な側面

語彙を身に付けるとは？
―大学生の英作文から―

大学生の英作文より

ライティングの授業で大学生が，次のように書いてきました。

What is your happiest happening in your life? People experience good and bad things in everyday life. For me, the happiest happening in my life is passing the entrance examination...

ここまで読んだ時に，私は「あれっ？」と思いました。同時に，「もしかして，ここの大学に来たくなかったのかな」と思ってしまいました。

しかし続きを読んでいくと，そうでもありません。

and getting into the university which I have wanted to enter.

「ああ，なんだ。この大学に来たかったんじゃん」と安心しました。とその瞬間，「あれ？　この happening って，この使い方でいいのかな？」と思い，英英辞典を引いてみると，次のように出ています。

---

happening：something that happens, especially a strange event.

strange/unusual/mysterious etc

『ロングマン現代英英辞典［5訂版］』Pearson Education Limited 2009

なぜ，語彙使用を誤るのか？

学生は，なぜ「出来事」に，happening を用いたのでしょうか。

おそらくそこに，日本語＝英語の発想があるのでしょう。つまり，「出来

事」＝「happening」と学習してきてしまっているのです。

　考えてみると，高校生になると単語帳が渡され，英単語学習を宿題とし，授業では小テストを行うことで，英単語を増やしていく方法をよく目にします。高校生は単語帳を用い，英単語を増やしていくのですが，その学習を繰り返す中で，より効率的に学ぼうとした結果，最終的に，日本語と英語の1対1対応で覚えることになり，英単語がどのような場面で使われるかまでは意識されず，「出来事」＝「happening」となってしまったのではないかと思うのです。

　もちろん，最近の単語帳は，英単語が英文とともに出ていますが，目的が「単語を覚えること」となると，実際の英語ではどのように使われるかまでは，意識が向かないのでしょう。

　ちなみに，happening をネイティブに尋ねると，moment や thing を使うと言っていました。

英単語の様々な側面

　Nation（2013）は，単語の知識には様々な側面があると言います。そして，その単語知識を「形式」「意味」「使用」の3つに分け，整理しています。

　ここで，改めて注目したいのは，その知識の中に，「使用」というのが入っていることです。つまり，**使えるような知識を備えて初めて，単語指導は完結する**ということなのです。たいてい英単語指導では，「発音」を教え，「意味」を確認し，そして，「綴り」を覚えさせるということを行います。私もそのように指導してきました。しかし，そこに，「使用」が入っているのが，Nation の言う**語彙知識の様々な側面**です。

　新しい学習指導要領では，目標の中に，「実際のコミュニケーションにおいて活用できる技能を身に付ける」とあります。

　語彙（英単語や語句等）においても，「使用」という側面を忘れず，目を向ける必要があるとつくづく感じました。

Section 2

Nation の単語知識の様々な側面とは？

18の単語知識

　Nation（2013, p.49）は，単語知識を「形式」「意味」「使用」という大きく３つの言語知識に分けた後，さらにその１つ１つを，それぞれ３つの知識に分け，さらに，［受信］［発信］という下位項目を設け，合計18の項目で，**単語知識の必要な様々な側面**を説明しています（表１）。

　これらの語彙知識のうち，私たちが日常的に指導している項目というと，〈音声〉と〈綴り〉，そして〈意味〉ではないかと思います。

　しかし，Nation の単語知識の様々な側面をよく見ると，「使用」の中に，〈文法的機能〉や〈コロケーション〉〈使用時の制約〉などの**単語を使用するための知識が存在**することが分かります。つまり，happening という単語は，どのように発音するのか，どのように綴るのか，どのような意味なのかは授業で扱っているが，その語がどのように使用されるかまでは，扱われず，語の誤った使用方法につながってしまうのではないかと考えるのです。

「日本語＝英語」でない単語に注目

　英語には，日本語と１対１対応でない単語が多くあります。例えば，「借りる＝ borrow」で覚えていると，なんでもかんでも「借りる」＝「borrow」となり，「トイレを借りてもいいですか」は，*Can I borrow the bathroom? というへんてこな表現をしてしまいます。borrow には，to use something that belongs to someone else and that you must give back to them later という意味があり，借りた物を最後は持ち主のところに返すことが前提ですので，

「どこかに持っていけるもの」が対象になります。もちろん，トイレを借りる場合は，use を使うことは，先生方は承知のことと思います。

　しかし，中学３年生（291名）に，「電話を借りてもいいですか」で調査したところ，24％の生徒は正しい解答を，残り76％は異なる解答を選びました。つまり，英単語の意味は理解していても，**使用する際の生きて働く知識になっていない**ことが分かります。

表１．単語知識の様々な側面

形式	①音声	・語がどのように聞こえるか。（受信）
		・語をどのように発音するか。（発信）
	②綴り	・語はどんな形をしているか。（受信）
		・語はどのように書き綴ればよいか。（発信）
	③語の構成要素	・どのような構成要素が見られるか。（受信）
		・どのような構成要素を使えばよいか。（発信）
意味	①語形と意味	・語形は，どのような意味を表現しているか。　（受信）
		・意味を表すのにどのような語形を使えばよいか。 （発信）
	②概念と指示物	・語にはどのような概念が含まれているか。（受信）
		・その概念が示すものは何か。（発信）
	③連想	・その語は他にどのような語を連想させるか。（受信）
		・その語の代わりにどんな語は使用できるか。（発信）
使用	①文法的機能	・その語は，どのような文型で使用されているか。 （受信）
		・その語は，どのような文型で使用するか。　（発信）
	②コロケーション	・どんな語と一緒に使われるか。（受信）
		・どんな語と一緒に使えばいいか。（発信）
	③使用時の制約	・どのような状況で使用されるか。（受信）
		・どのような状況で使用すればいいか。（発信）

Section 3

中学生の語彙使用の適切さを確認すると…

生徒はどの程度正しく理解しているの？

　ふとしたことから，次のような語彙や文法知識を問う問題を作成し，岡﨑伸一氏（熊本大学大学院准教授）とともに，令和元年度の中学３年生を対象に，12月〜１月に調査してみました。

中学３年生の皆さん

　英語の言い方についての問題です。成績には入りませんが，全力で解答してください。日本語に合う英文を作る時，正しい英文は①と②のどちらの表現ですか。もし，①と②の<u>両方とも正しいと思う場合は③を，①も②も正しくない</u>と思う場合は④と書いてください。

１　あなたの電話番号を教えてもらえませんか。　　　　　解答

①	Please teach me your phone number.	
②	Please tell me your phone number.	
③	①②の両方とも正しい	
④	①②の両方とも正しくない	

２　私は札幌に３日後に行かないといけません。　　　　　解答

①	I have to go to Sapporo three days later.	
②	I have to go to Sapporo in three days.	
③	①②の両方とも正しい	
④	①②の両方とも正しくない	

これにより，例えば①で，「教える」に適する語の選択を測りました。これについては，68.7％の正答率で，概ね７割の生徒は正しく認識できていることが分かりました。

　②の正答率は10.7％であり，「３日後」を three days later と理解している生徒の存在が分かりました。今を起点として，「３日後」は，前置詞 in を用いて in three days となるのですが，それを教科書で扱っていなければ，生徒が解答を誤るのは，必然です。今後，教科書には，「実際のコミュニケーションにおいて活用できる技能」を身に付けるという視点で，語彙の選定には十分な配慮が必要となってくるでしょう。

一番正答率が低かった語彙知識は？

　瀧沢・岡﨑（2021）の調査の中で，一番低かったのは，7.2％の正答率で，meet の意味理解に関するものでした。

16	また，お会いできてうれしいです。	解答
①	Nice to meet you again.	
②	Nice to see you again.	
③	①②の両方とも正しい	
④	①②の両方とも正しくない	

　meet は，日本語では，「会う」ですが，初めて会った時には，Nice to meet you. と言い，２回目以降は，Nice to **see** you again. と see を使います。

　meet の意味範囲は，

　　①約束事（例：Let's meet at 10.）

　　②初めて会う時（例：I was glad to meet you.）

　　③偶然会った時（例：When I was at the station, I met Tom.）

となっています。

確かな語彙知識をもつためには？

気になる語彙は英英辞典で調べてみる

　英単語で気になったり，語彙知識として判断に迷ったりした場合は，英英辞典で調べるようにしています。以前，私は，monk という英単語に出くわし，英和辞書で引くと「修道士」と出ていました。でも，修道士って何かなと思い，英英辞書で調べると，次のように出ていました。

> monk：a member of a religious group of men who often live apart from other people in a monastery and who do not marry or personal possessions　--- compare FRIAR, NUN --- see also MONKISH
> 『オックスフォード現代英英辞典』Oxford University Press 2005

　非常に明確になりました。修道士とは，**男の人を指し，結婚しない人で，修道院に住んでいる人**を指すのです。試しに，広辞苑で調べてみると，「キリスト教の隠者」と出ているのみでした。英和辞典や国語辞典ではよく分からないものも，英英辞典は英語圏の文化が反映されていますので，その語のもつ意味がよく分かります。となると，女性の場合は何と言うのでしょうか。ダジャレではありませんが，**nun** と言います。

> nun：a member of a religious community of women who promise to serve God all their lives and often live together in a convent
> 『オックスフォード現代英英辞典』Oxford University Press 2005

このように，英英辞典を引くことで，**英語文化が反映された定義に出会う**ことができ，語彙知識の〈概念〉形成に役に立ちます。

ＡＬＴ／ネイティブに聞いてみる

　語彙知識で，分からないことがあった時には，ＡＬＴやネイティブに聞いてみるのも効果的です。ある時，大学生が英作文で，「真似をする」という意味で，次のように imitate を用いて書いていました。

The old woman next-door who was watching him and she planned to **imitate** them and she wanted to get a lot of coins because he and his wife were happy in front of many coins. The old man next-door went out to the mountains with too many rice balls.　When he found the hole, he threw a large number of rice balls into the hole and jumped into the hole.

　私はこれを読んだ時に，なんとなく違和感を覚えました。そして imitate の使い方が，この場合適切かどうか英英辞典で調べてみました。

---

imitate：to copy the way someone behaves, speaks, moves etc,
　　　　　especially in order to make people laugh

『ロングマン現代英英辞典［5訂版］』Pearson Education Limited 2009

　何かをマネして，人を笑わせるような時に使うことが分かりました。辞書では，Do not use imitate to mean 'do the same things as someone else'. Use copy. と補足しています。念のため，ネイティブ（母語話者）に尋ねると，〈Imitate〉is more about copying the physical movements or behaviour. It makes me think of acting, ex. "The boy was imitating the way his mother yelled at him." For that particular story, 〈**imitate**〉**does not sound completely wrong, but** 〈**copy**〉**is more appropriate.** と返事があり，あながち誤りでもないが，copy の方がよいということが分かりました。

Section 5

受容語彙と発信語彙，どう扱ったらよい？

受容語彙と発信語彙

　新学習指導要領では，1600～1800語程度と，以前と比較すると語彙数が400～600語程度，増えました。語彙数の増加により，不安に感じている先生方もいるかと思います。しかし，それだけ多くの語彙が登場するということは，言語活動がしやすくなるということにつながります。

　語彙には，受容語彙と発信語彙があります。聞いたり，読んだりして意味が理解できる語彙を受容語彙，話したり書いたりして表現できる語彙を発信語彙と区分けします。そして，どの語彙が受容語彙になるか，どの語彙が発信語彙になるかは，学習者1人1人で異なります。

　私の住む岐阜市の児童生徒は，cormorant fishing や，sweet fish 等の語彙を発信レベルで身に付けています。それぞれ「鵜飼」「鮎」という意味です。長く埼玉で教員をしていた私にとっては，新語でした。しかし岐阜に住んでいる今，私にとっては，両語は発信語彙になりつつあります。

発信語彙は2種類ある

　発信語彙には，**話す時に必要な語彙と書けるところまでを要求する語彙**があります。私は以前，『1日5分で英会話の語彙力アップ！中学生のためのすらすら英単語2000』（明治図書）を編著で出版し，中学3年間で2000語言えるようになる教材を作成しました。

　その時のコンセプトが，**書けなくてもいいから言える英単語を増やそう**でした。

つまり，発信語彙には，**書けなければいけない語彙**と，**話す時に必要な語彙**の２つに分けられると考えるのです。

　よって，話す時に必要な語彙は，話すことの発信語彙として習得させていく必要がありますし，書いて表現させたい時に必要な語彙は，書くことの発信語彙として，綴りを正確に書く指導を行っていかなくてはいけないということになります。

受容語彙の一部が，発信語彙となる

　語彙指導のスタートは，受容語彙です。つまり，聞いて分かる，読んで分かるというレベルです。

　教師が話す内容を理解し，意味理解を促す過程で，その中で使われている新語の意味を確認し，最初は受容語彙として指導します。

　その後，生徒は，話してみる／書いてみる，という学習を繰り返しながら，**受容語彙の一部が，発信語彙と成長して**いきます。

　よって，明らかに受容語彙の方が多く，発信語彙は受容語彙の中の一部ということになりますから，**受容語彙を増やさないと，発信語彙は増えない**ということになります。

伝えたい内容が，発信語彙となる

　小学校の外国語授業では，最初に言葉ありきではなく，伝えたい内容が先にあり，その内容を伝えるために，言葉を発するよう言語活動が仕組まれています。つまり，どの語彙が発信語彙になるかは，発信者によるのです。発する必要がある時，その語彙は発信語彙になります。これはトップダウンの考え方ですが，同時に，教師は，言語活動を見通し，言語活動を行う際に必要な語彙は，発信語彙としてあらかじめ指導しておくようなボトムアップの指導も必要となるでしょう。

Section 6

英語母語話者は，どのくらいの語彙をもっている？

そもそも英語には単語はいくつあるの？

　英単語の数は，数え方にもよりますが，ワードファミリーで数えて，およそ70,000語あると言います（Nation, 2013, pp.12-13）。

　ワードファミリーとは，屈折形（infected forms），短縮形（reduced forms），派生語（derived words）を含めます。よって，派生語は別の語として数えると，それ以上の英単語数となります。

　ちなみに，日本で出版されている英和辞典では，見出し語，派生語，イディオム等を含め，約7万〜28万語（項目）が収録されています（表2）。

表2．主な英語辞書と収録語数

辞書名	出版社	発刊年	収録語数
ジーニアス英和辞典〔第5版〕	大修館書店	2014	105,000
オーレックス英和辞典〔第2版〕新装版	旺文社	2016	105,000
ウィズダム英和辞典〔第4版〕	三省堂	2019	104,000
リーダーズ英和中辞典〔第2版〕	研究社	2017	180,000
ライトハウス英和辞典〔第6版〕	研究社	2012	70,000
プログレッシブ英和中辞典〔第5版〕	小学館	2012	138,000
スーパー・アンカー英和辞典〔第5版〕	学研プラス	2015	72,000
アクシスジーニアス英和辞典	大修館書店	2019	75,000
リーダーズ英和辞典〔第3版〕	研究社	2012	280,000
ジーニアス英和大辞典	大修館書店	2001	255,000

英語母語話者の語彙数は？

　英語母語話者の語彙数は，ワードファミリー方式で数え，およそ20,000語あると言います（Nation, 2013, p.13）。Nation は，このことを「20000語というのは，おおまかに計算して，３歳から25歳まで，ワードファミリーで，毎年1000語ずつ習得していくことになり，外国語を学ぶ人たちにとってみると，非常に大掛かりなことだ」と言います。しかし同時に，初級英単語3000語の中には，日本語の中で使われている英語が半分程度あることから，母語を利用すれば，そんなに難しいことではないとも言います（同，p.13）。

　参考までに，単語の数え方には，次の４通りがあります。

---

① **Tokens**（述べ語数）：文章の中に出てくるすべての語を数える。

　例）**It** is easy to do **it**.（６語）

　　　＊英語長文問題や英作文等で語数を数える時。

② **Types**（異なり語）：同じ語はカウントしない。

　例）**The** boy running in **the** park is Ken.（７語）

　　　＊ある作家の語彙数や，ある物語に必要な語彙数を知りたい時。

③ **Lemmas**（見出し語）：単語の活用形や短縮形は１語として数える。

　例）I **have** been **learning** French for a long time. My sister **learns** it, and she **has** visited France once.（17語）

　　　＊活用形には，三単現，過去形，現在完了形，進行形，比較級，最上級がある。

④ **Word families**（ワードファミリー）：活用形や短縮形に加え，派生語を含み，１語として数える。

　例）A：You're wearing a nice hat. What's the **price**?

　　　B：It's **priceless**.

＊しかし，どこまでを派生語とするかの判断基準が難しい。

第二言語習得に必要な語彙数は，どのくらい？

3000〜4000の Word Families で95%をカバー

　ワードファミリー方式で3000〜4000語を習得すれば，話し言葉や小説を理解するのに必要な語彙の95%をカバーすると言います（表３）。

　95%というのは，人の話を聞いたり，書かれたものを読んだりする際，内容を理解するのに必要な語彙の割合であり，小説や新聞，子供向けの映画では，ワードファミリー方式で4000語が必要と示されています。

　さらに，全語彙数の98%をカバーしようとすると，ジャンルにより異なりますが，新聞では，約8,000語のワードファミリーが必要だということになります。ワードファミリー方式で計算していますので，見出し語で言うと，さらに多くの語彙ということになるでしょう。

　学習指導要領では，小学校で600〜700語程度，中学校で1600〜1800語程度ということから，中学校卒業までに扱う語彙数は，2200〜2500語程度になり，小説が読めるようになるまでには，まだまだということが分かります。

表３．理解するのに必要な Word Families の語数とカバー率

ジャンル	95%のカバー率	98%のカバー率
小説	4,000語	9,000語
新聞		8,000語
子供向け映画		6,000語
話し言葉	3,000語	7,000語

Learning Vocabulary in Another Language-Second Edition I.S.P.Nation p.16より筆者が作成

語彙の頻度

　語彙は，よく使われる高頻度語（high-frequency words）から，中頻度語（mid-frequency words），低頻度語（low-frequency words）というように，大きく3つに分けて提示されます（表4）。

　それを見ると，ワードファミリー方式で，約4,000語を知っていると，たいていの文章で使われている語彙の95%をカバーすることが分かります。

表4．語彙の頻度別リスト

頻度	Lists	カバー率
high-frequency words	最初の1,000 word families	81.14%
	～2,000	89.24%
mid-frequency words	～3,000	93.60%
	～4,000	**95.37%**
	～5,000	96.41%
	～6,000	97.08%
	～7,000	97.53%
	～8,000	97.86%
	～9,000	**98.08%**
low-frequency words	～20,000	98.86%

Learning Vocabulary in Another Language-Second Edition I.S.P.Nation p.21より筆者が作成

　Nation（2013, p.352）は，It is likely that at least 95% of the running words need to be already familiar to the learners for this to happen. と言い，文章中から語の意味を推測するには，英文に出てくる語彙の95%を理解していなければいけないと言います。

　「千里の道も一歩から」（A journey of a thousand miles begins with a single step.）ではないですが，英単語もいきなり多くを目指すのではなく，目の前の1語を学ばせるつもりで，いきたいと思います。

付随的学習と意図的学習

　語彙の習得には，「付随的学習」と「意図的学習」の２つがあります。前者は，聞いたり，読んだり，話したり，書いたりする中で，自然と語彙を身に付けてしまう学習です。一方後者は，受容語彙や発信語彙を，その目的に応じて学習する方法で，聞いて分かる，読んで分かる語彙を身に付けるためには，そのための学習を意図的に行い，話せる，書ける語彙を身に付けるためには，それを目的とした学習を行います。

　Nation（2013, pp.56-57）は，受容語彙と発信語彙について，「付随的学習」と「意図的学習」を視野に入れ，次のように言っています。

1．受容語彙を習得する時は，聞いたり読んだりする受容型学習を行い，発信語彙を習得する時は，話したり書いたりする発信型学習を行うというように，<u>別々に行う方が効果的</u>である。

2．発信語彙を身に付けたければ，発信型学習を行わなくてはいけない。しかしこのことは，理解可能な受容的学習を行えば言語は習得できるというインプット仮説に反し，発信語彙の習得に至る過程は，多聴多読によるものなのか，強制的アウトプットによるものなのかは，はっきりしていない。

Learning Vocabulary in Another Language-Second Edition I.S.P.Nation

---

　つまり，語彙習得の「付随的学習」と「意図的学習」の２つの側面が，語彙学習には存在していることを言っています。

書けるようにする！
英単語指導の
５つの極意

Section 1

〔極意1〕

読めるようにする

読めない単語は書けない

英単語指導の1つの目標は，「書けるようにする」です。では，書けるようにするために必要なことは，どのようなことでしょうか。

試しに，ぱっと思いつく英単語を5つ書いてみましょう。book, pen, desk, piano, notebook... など，きっと皆さんはすらすらと書けたことでしょう。

今度は，書いた英単語を声に出して読んでみてください。きっと，これもすらすらと読めたと思います。

そうなのです！

書ける単語は読めるのです。

逆に言えば，**読めない単語は書けない**のです。

試しに，「読めないけど書ける」という単語を書いてみましょう。なかなか思いつかないのではないかと思います。

日本語でも同じで，書ける漢字のたいていは読めます。

だから，読み書きの指導は，読むことから始まるのです。

英単語も，まずは，**読めるようにさせなくては**いけません。

読めるようにさせる！読み方を教える

英単語指導では，最初に，読めるようにさせます。と同時に，英単語の「読み方」を身に付けさせていきます。

私は時々，英単語の中の文字を指さし「ここは何て読む？」と生徒に尋ね

ることをします。すると生徒は，「ス」と言ってきます。「じゃあ，ここは？」と聞くと，「トゥ」と言ってきます。さらに「ここは」と言うと，「アイ」「エイ」などと言ってきます。

　そこで，「ay は，エイと読むんだよ。ストゥエイ。ステイ」と言って，stay/stei/ の発音を聞かせます。

　なぜこのようなことをするのでしょうか。

英語の苦手な生徒は，英単語の全体を見ている

　英語を苦手としている生徒は，英単語を見ると全体を見て読もうとします。例えば，international と単語が提示されると，全体を見てしまいます。そして，「読めない！」「分からん！」となってしまいます。

　では，なぜ生徒は全体を見てしまうのでしょうか。

　それは，母語（＝日本語）に原因があります。

　日本語で「犬」は，「犬」という漢字全体で，「いぬ」と読みます。「大」が「い」で，「、」が「ぬ」ではありません。これ（＝犬）１つで，「いぬ」と読むのです。

　そのような経験で過ごしてきた中学生は，英単語も全体を見てしまい，個々の文字に音があることに気づかず，丸ごと読もうとするのです。

　そこで，「英語の文字には音があること」や「文字のまとまりごとに読んでいけば，英単語が読めるということ」を体験させ，指導を継続させることで，英単語が読める生徒を育てることにつなげていきます。

　ちなみに，英単語を読むことを苦手としている生徒は，さらによくないことに，文字以前に，英単語を見ずに，耳で聞いて繰り返しています。

　その結果，「さあ，読んでみよう」という時には，自分で読めないのです。

　教育は一朝一夕には進みません。ある程度の期間と適切な指導法が必要です。まずは，文字と音の一致を試み，英単語の読める生徒を育てていきましょう。

Section 2

〔極意2〕
書けることを目標にする

英単語を書けるようにする

　英単語指導には，大きく，❶読める，❷意味が分かる，❸書ける，の３つ
の指導があります。

　私は中学校で教員をしている時，常に英単語を書けるようにするところを
１つの大きな目標におき，指導していました。

　書けるということは，必然的にその単語が読めるということになります。
書ける単語は読めるが，その逆はあり得ません。読める単語（受容語彙）は，
書ける単語（発信語彙）とは限らないのです。

　私は，単語を導入し，意味を理解させ，単語を読めるようにし，そして書
く練習を授業時間内に確保しました。

　もちろん，すべての単語を書くことはさせず，１単元で25個の単語を選び
出し，その単語については書けるように，授業で練習をさせていました。

　つまり，ある程度の英単語が書けるようになると，生徒は音と文字の関連
性に気づき，慣れていき，徐々にではありますが，自分で単語が読めるよう
になったり，綴りを覚える負担が減ったりしてきます。

アウトプットは，最良のインプットである

　私は常々，「アウトプットは，最良のインプットである」と思っています。
今こうして英単語指導について書いている私でさえ，このように１冊の書
籍にまとめるという作業（＝アウトプット）を通し，新たに私の中で考えが
深まり（＝インプット），単語指導について再認識（＝インプット）する自

分がいます。

　インプットの段階では，浅い理解で留まっていたものを，アウトプットする段階になると，細かなところに気づくようになるのです。

　このことと同様，英単語についても，受容語彙（聞く・読む）の学習から，発信語彙（話す・書く）の学習になると，生徒は英単語の細かなところに気づき，英単語を深く理解することにつながります。

　このことについては，『英語のメンタルレキシコン―語彙の獲得・処理・学習』門田修平編著（松柏社）に，次のように出ています。

　相澤・落合・大崎（2002）は，「受容語彙」として指導する場合と「発表語彙」として指導する場合では，語彙知識の定着レベルに違いがあるかどうかを調べる研究を行い，全体として**「発表語彙」を目指した指導が，「受容語彙」の定着を目指した指導よりも，語彙学習が促進される傾向が認められた。**（太字・下線は筆者，p.133）

　ここからも，目指すは，発信語彙を定着させるための学習であり，そこを目指すことで，受容語彙も定着が図られる傾向にあることが分かります。

アウトプットを目指す中で，綴りのルールに気づかせる

　スウエインのアウトプット仮説は，強制的なアウトプットをさせることで，学習者に気づきを与えることを指摘しています。語彙指導にしても同様で，英単語を〈書く〉という学習を通じ，生徒は，綴り（spelling）を覚えると同時に，音や綴りの規則性（spelling rule）をも学んでいくことになります。意図的な学習の積み重ねが，綴りの規則性を自動化させ，英単語を覚えやすくします。だからこそ，授業中に書く練習をさせたいのです。

Section 3

〔極意3〕

指で練習させる

「覚える」を目的にする

　鉛筆を持って練習すると，時に生徒は，覚えることよりも，書くことに意識が向いてしまいます。

　そして書き終わると，「やった！　10回書いた！」となり，そこには，「英単語を覚える」という意識はありません。その結果，覚えたかどうかは問題でなくなります。ただ，10回書いたという痕跡だけが残ります。

　教師の「10回書いてみよう」という指示により，「書く」ということが目的となり，覚えることがないがしろになってしまうのです。特に学習することを苦手としている生徒は，その傾向があるでしょう。

　そこで，単語練習の際は鉛筆を持たせず，まず指で練習させます。

　T：Put your finger up. Let's write "chair" in the air three times.
　Ss：（chair と空中で3回書く）
　T：Write "chair" on your desk three times.
　Ss：（chair と机の上に3回書く）

指の腹で書かせる

　私はこの指導を，中学1年生の1学期に徹底して指導してきました。英単語を覚えることに集中させるためです。

　その中で，大事なことは，指でいい加減に書かせないことです。**指の腹を使って**，しっかり書かせるようにします。そうしないと，爪の先で，ささっ

と書いて，形だけの練習をする生徒が出てきます。

　机の上に練習をさせる時には，「指の腹を使って練習するのですよ」と，しつけ，身に付くまで繰り返し指導します。

　さらに，私のところに来させ，私の目の前で，私が指定した英単語を１つだけ，その場で，指で書かせチェックします。最初の頃は，しっかり指の腹を使って書いているかどうかを確認します。

学習技能を教える

　中学校教師の中学１年生の１学期の仕事は何かというと，私は，英語の楽しさを教えることと同時に，**英語の学び方（＝学習技能）を教える**ことだと思っています。

　特に，単語の綴りを覚える学習は，小学校では扱ってはきません。小学校の指導事項にはないからです。あるのは，簡単な語句や基本的な表現の「意味が分かる」「書き写す」であり，綴りを覚えさせる指導事項はありません。

　つまり，単語の綴りを覚えさせることは，中学校に入ってからの学習であり，その覚え方（＝学習技能）を教えていく必要があります。

　英単語を書けるようにする学習技能には，次があります。

---

①英単語を発音しながら，指で練習する。
②指で書けるようになったら，鉛筆を持って練習する。
③英単語を見ないでも書けるように練習する。
④覚えたかどうか自己チェックする。

　以前教えた生徒の中に，単語練習を終えると私のところにやってきて，「先生！　指が覚えている！」と言ってくる生徒がいました。きっとしっかり指の腹に力を入れ，練習したのでしょう。指先は第２の脳です。

Section 4

〔極意４〕

英単語を繰り返し練習させる

意図的な学習で自動化を目指す

　何事もそうですが，あることを身に付けるためには，身に付けるための時間を必要とし，繰り返し練習することが求められます。

　英単語もそうです。せっかく覚えた英単語も，その後，練習したり，アウトプットする機会がなかったりしたら，長期記憶にもっていけません。

　学校で教える英語は，実際のコミュニケーションの場で活用できるものとして指導します。

　つまり，いつ，どんな場面においても，学習したことを用いて，コミュニケーションがとれる英語力を脳内から取り出せなければいけません。

　そのためには，学習した内容は長期記憶にもっていかせ，学習した技能は自動化を目指す意図的な指導が必要となります。

　池谷（2002）は，『最新脳科学が教える　高校生の勉強法』（東進ブックス）の中で，４回の繰り返しを提唱しています。

英単語学習を４回繰り返す

　新しい英単語に出会います。生徒にとっての１回目の英単語の出会いでは，意味を確認し，発音を練習し，書けるように練習します。これが最初の出会いで学習することです。

　しかし，そこで終わってしまったら，生徒は忘れていきます。そこで，次の日，小テストをします。これが２回目の英単語との出会いです。

　また，小テストは毎回５問ですので，小テストが５回終わると，25問テス

トができます。そこが**3回目の英単語の出会い**となります。

　さらに，25問テストが４回終わると100題テストができます。これが，**４回目の英単語との出会い**になります。

　この頃になると，英単語は長期記憶に入り，生徒はすらすらと書けるようになってきています。また，25問テストで学習済みですので，100題になっても，負担を感じなくなっています。また，「今度いつ100題テストがあるんですか」と，100題テストを楽しみにする生徒も出てきます。

英単語学習をシステムにする

　このような英単語指導サイクルで行うと，生徒が英単語を書けるようになることは，そんなに難しいことではないと感じるようになりました。

　要は，英単語学習をシステム化してしまえばいいのです。

　英単語学習には２つのステップがあります。

　１つは，「**英単語の綴りを覚える段階**」であり，もう１つは，「**長期記憶にもっていく段階**」です。

　教師は，その２つの学習の機会を生徒に与えればいいのです。

　生徒が英単語を書けるようになると，英作文の指導が非常にラクになりました。

　英単語指導に力を注いでいなかった時には，英作文の時間，「先生！　テニスの綴りは？」「バスケットボールってどう書くの？」と多々質問があり，その都度，生徒のところに行っては，綴りを書き，教えていました。

　しかし，英単語学習をシステム化し，生徒も英単語が書けるようになると，質問がガクンと減りました。同時に，英単語が書けることが，生徒の**英語学習への自信となり，英語学習への意欲も増し**ていきました。

　やはり，英単語は書けるように指導することが大切であると実感しました。

Section 5

〔極意5〕
音のまとまりごとに練習させる

漢字は「字形」のまとまり

　英単語の綴りを覚えるコツは,「音のまとまりごとに練習させること」です。私たちは小学校の頃,漢字を習った時,意味もなく,何回も書いて覚えたわけではありません。

　例えば,漢字の「漢」という字は,「サンズイ」に「草冠」,「口」を書いて,「夫」と書きます。

　また,漢字の「字」は,「うかんむり」に「子供の子」です。

　「親」は,「木の上に立って見る」です。

　私たちは,漢字練習をしながら,漢字をパーツの組み合わせで覚えていったのではないでしょうか。

　これと同様に,英単語もパーツで綴りを教えたらどうでしょう。

　英語には,〈音節〉というパーツ,〈オンセット・ライム〉というパーツ,〈音素〉というパーツがあります。

英語は「音」のまとまり

　water を音のまとまりで分けると2つあり,wat と er で分けます。これは,〈音節〉で分けたものになります。そこで,生徒には,wat までを練習させた後,er を練習させ,英単語指導します。

　desk は,d·esk と,オンセットとライムで分けます。d と言った後,esk と声に出させながら,練習させます。

　私は,大学院の研究で,音のまとまりごとに練習したグループと,ただ

「何回も書いて練習しなさい」と言って練習したグループで，どちらの群がより英単語を覚えるかの調査をしました。

　これについては，「はじめに」でも書きましたが，まとまりごとに練習したグループの方が，有意な差として効果が確認されました。

　つまり，音のまとまりごとに練習する効果が実証されたのです。

　ただこの時は，日本語のモーラを利用し，desk なら，de で区切り，sk としていました。しかし，小学校で英語を学習している現在，英語の音韻に慣れ親しみを感じている生徒には，音節やオンセット・ライムで分ける方法も取り入れてもよいのではないかと思います。

「音節」がまとまりの単位

　実は，大学院で研究をしている時に，私は同時に中学校にも勤めていましたが，ＡＬＴに，「単語はどうやって覚えるの？」と尋ねたことがありました。すると彼女は，"Syllable by syllable." と言ってきました。

　モーラで育っている私は，「animal は，ani で区切り，ma·l というように，ani·ma·l で区切って練習するんでしょ」と尋ねると，"No! Syllable by syllable." と，何回尋ねても，「音節で区切る」と言い張りました。

　その当時，私は英語の音韻については知識がなかったので，大変不思議に思いましたが，英語母語話者は，〈音節〉〈オンセット・ライム〉〈音素〉という音韻体系で，自然と母語を学んできていることを知り，ani· では区切れない音韻認識が働いていることが分かりました。

　以上，英単語指導の極意と称し，５つの視点でまとめてみました。再度言いますが，英単語を覚えさせることはそんなに難しいことではありません。コツがあります。難しいのは，覚えた英単語を適切に使えるようにさせることです。中学生に英単語を覚える学習技能を教え，英語に自信をもたせましょう。

Ｌ２の語彙習得モデル

Hatch and Brown（1995，p.374）は，Ｌ２の語彙習得過程を次のような５つの学習過程で説明しています。これを授業に当てはめると，（　）のように言い換えることができます。最初は，語彙の音に出会わせ，その後，音を形で表し，綴りを示します。そして，正しい意味理解を図ります。この段階で，語が用いられる条件や範囲を指定し，意味範囲を確認します。それが「正しい理解」です。それ以降は，「練習」「使用」という段階を経て，その語彙の習得を図ります。

〔第１段階〕Encountering new words
　新しい単語に出会う（＝**音**に出会う）

〔第２段階〕Getting the word form
　語形を理解する（＝**スペリング**に出会う）

〔第３段階〕Getting the word meaning
　語の意味を正しく理解する（＝**意味**に出会う）

〔第４段階〕Consolidating word form and meaning in memory
　語形と意味を統合する（＝練習して，**スペリングと意味を統合**する）

〔第５段階〕Using the word
　単語を使ってみる（＝実際に使ってみて，その語の**使い方を理解**する）

私たちも，自然とこのような段階を経て，英単語指導をしているのではないでしょうか。

Chapter
2

読めるようにする！
英単語指導法

Section 1

ピクチャーカードで
オーラルイントロダクション

英単語の意味を理解する

　最もポピュラーで典型的な英単語の導入法は，教科書の内容を，オーラルイントロダクションする際に，ピクチャーカードの近くに，フラッシュカード（単語カード）を貼りながら，英語で説明していく方法です。

　すると生徒は，題材の内容の場面や状況から，英単語と意味とを結びつけ，英単語の意味理解を図ります。

　その後，黒板に貼られたフラッシュカードを指さしながら，発音を確認させ，繰り返させ，英単語を見て言えるようにさせていきます。

　発音練習を終えたら，きちんと日本語で意味を確認します。

　よく，「英語は英語のままで理解させる」と思い，英語だけで済ませる場合があります。しかし，下記のような研究結果は，訳語を与える効果を示しています。

きちんと日本語で意味を確認する

　第二言語習得研究において，英単語の意味を，Ｌ１（母語）で訳語を与えられたグループと，訳語を与えられなかったグループで，抜き打ちのテストを行ったところ，訳語を与えられたグループの平均正答率は55％だったのに対し，訳語を与えられなかったグループの平均正答率は39％であったことや，同様に，習熟度の低い学習者の場合，英単語に訳語を与えられたグループと，英単語が文脈の中で与えられたグループでは，訳語を与えられた方が，文脈の中で提示された場合に比べ，多くの語彙を記憶することができたという研

究結果があります。

　このように，たとえオーラルで英単語を導入しても，どこかでは，必要に応じ母語を用いて，意味の確認は必要なのでしょう。

〈参考〉キースフォルス著・土屋武久訳（2009）『語彙の神話―英語語彙指導の俗信を正す』学文社

実際の授業では

T : What can you see in this picture?

Ss : Sky. Birds. Chair? Bench? Boys. Miki!

T : Yes. You can see many things and two people here.

　　This is Miki and who is this?

　　He is a new English teacher. He is...a new English teacher.

　　（ teacher のカードを見せ，黒板に貼る）

　　His name is Bob.（2枚目のピクチャーカードを見せて）

　　Look. He is teaching English now. His class is interesting.（×2）

　　（ interesting のカードを生徒に見せた後，黒板に貼る）

　　He is talking about his country. Students like to listen to his talk.

　　It is very interesting. インタレスティングってどういう意味？

Ss : 面白い！　… 興味深い！

T : Yes! Interesting is 面白い，興味深い！

　　Now, he is talking about sports. What sports does he play?

　このように，ピクチャーカードを用い，オーラルイントロダクションを進めながら，その途中で，英単語を提示し，新出単語を導入します。また，状況だけでは理解が困難なものは，その場で，日本語の訳語で確認します。

Section 2

フラッシュカードで発音練習
—音と綴りの理解—

英単語の「音」を理解する

Hatch and Brown（1995）の語彙習得の5段階の1つ目は，「音に出会う」でした（本書p.36参照）。

例えば，オーラルイントロダクションで新出語に出会わせ，同時に，新出語のもつ意味を確認します。その後，音の理解に移ります。

ここで，例えば，フラッシュカードを用いて，音を確認し，音を再生させ，音の理解を行います。

日本語にない音に注目させる

正しく発音することは，綴りを書く時の助けになります。例えば，発音する時に，/l/ 音で舌先を前歯の後ろあたりの歯茎に付けて発音するようにしていれば，綴りを書く時も，r でなく，l として書くことができます。下唇を噛んで，/f/ 音で言うようにしていれば，綴りも f と書けるでしょう。

このように，音と綴りは関連がありますので，単語指導の時に，同時に発音に気を付けさせるようにします。実際は，個々の英語の音は，日本語の音と異なることが多いですが，特に，次のように，明らかに日本語にない音は，口の形や舌の位置，口の開き方を指導するようにします。

〈日本語では補えない音〉

> ① /f/ と /v/　② /l/ と /r/　③ /θ/ と /ð/　④ /ə:/ や /æ/, /ʌ/, /ɑ/
> ⑤ /ʃ/　⑥ /j/ と /i/（例：year と ear 等）

実際の授業では

T：Repeat after me.（フラッシュカードを見せながら）interesting

Ss：interesting

T：interesting

Ss：interesting

T：（次のフラッシュカードに変えて）studying

Ss：スタディング

（教師は耳を澄ませて聞く）

T：studying

Ss：スタディング

（教師は耳を澄ませて聞く）

T：これは，スタディングでなく，study と ing が重なるので，スタディイングとなります。Repeat. studying（スタディイング）

Ss：studying（スタディイング）

T：Good. Again. studying（スタディイング）

Ss：studying（スタディイング）

T：Well done. Next,（フラッシュカードを見せて）traffic

Ss：traffic

T：途中に，f の音が入りますので，下唇を1回噛みます。traffic

Ss：traffic

このように，1つの単語を少なくとも2回は読み上げます。

すると1回目でうまく音が確認できなかった生徒も，2回目で補うことができます。

また，あらかじめ生徒が誤り易いポイントを気にしておきながら，発音の留意点を確認し，発音に気を付けさせます。/f/ の音は，口の形を確認します。

Section 3

"音" と "意味" を行き来する
―音と意味の理解―

音と意味を統合する

　音（発音）が確認できたら，次に行うことは，**音と意味とをつなげる作業**になります。

　私の場合，フラッシュカードの裏面に，日本語で意味を書いておき，発音練習を繰り返す中で，途中で，裏面を見させ，英語で言わせるようにします。

　すべてカードが裏返しになると，そのまま日本語を見て英語で言わせることを続けます。

　この段階が，Hatch and Brown（1995）の言う第3段階（＝単語の**意味に出会う**）となります。

自分の力で読めるかどうか確認する

　裏面の日本語を見させ，それを英語で言わせることで，意味の理解を促すと同時に，教師の助けがなくても英語で言えるかどうかを，確かめているのです。

　つまり，綴りを見せながら，教師の後に繰り返してはいても，実際は，音を聞いて，単にオウム返しのように，音を繰り返している生徒もいます。

　文字数の短い単語では，耳で聞いて，それを再生することは容易です。

　特に，視覚情報が弱い生徒は，目で見るより，耳で聞いて処理する方がラクで，肝心の綴りには，注意が向きません。

　そこで，一旦，日本語を見せ，それを英語で言えるかどうかのステップを踏むことで，生徒自らの力で，教師の後に繰り返すことなく，英単語の発音

練習をさせることができます。

実際の授業では

T：（綴りを見せて）interesting

Ss：interesting

T：（綴りを見せて）studying

Ss：studying

 ....

T：（カードを裏返し「面白い／興味深い」と書かれた面を見せる）

Ss：interesting

T：（カードを裏返し「study の ing 形」と書かれた面を見せる）

Ss：studying

 ....

T：（一巡したら，無言のままカードを見せ，日本語を見て英語で言わせる）

Ss：interesting

Ss：studying

 ...

T：（カードの表面＝綴りを見せて，無言のまま）

Ss：interesting...

Ss：studying

日本語を見て，英語で言える練習を行ったら，再度，表面の綴りを見させ，英語で言わせていきます。

　ここでは，綴りを見て英語で言うところから，「英単語の綴りを見て読む」という学習になります。

Section 4

個別チェックを行う
―全体から個人へ，個人から全体へ―

個別指名を行う

①～④の順で，英単語の読みと意味の指導を行います。

①英単語を見させ，音を確認する。
②英単語を教師の後に繰り返す。
③日本語を見て，英語で言う。
④綴りを見て，英語で言う。

このように指導が進んだ段階で，次にやることは，**個別チェック**です。

全体練習の欠点は，さぼっている生徒がいても気づかないということです。中学生くらいになると，口を開いて声に出すこと自体，億劫がる生徒がいます。しかし，口を動かし，声に出さないと，英語の発音は習得できません。

そこで，列指名を行い，テンポよく，1人1単語言わせていくようにし，このような時間を確保することで，生徒にも緊張感をもたせます。

個別に指名したら，また全体に戻す

列指名も，多くて3列程度です。これを延々と続けていくと，生徒はその単調さに耐えきれなくなります。適当なところで，また，**全体に戻します。**

ここには大きく2つのねらいがあって，1つは，空気が単調になったところで，全体に投げかけることで，全員を集中させる意図があります。もう1つは，個別チェックで言えなかった単語がある場合，再度，全体練習をする

ことで，理解を助けることがあります。

　つまり，指導の原則は，全体から個人，そして，最後はまた全体に戻すことが，英語を苦手としている生徒，ついてこられない生徒の学び直しのチャンスを与えることにもなると考えます。

実際の授業では

T：O.K. This line.（と言って，列を指名し）

S1：（１番前の生徒に向けて単語を見せる）interesting

S2：（２番目の生徒に向けて単語を見せる）studying

S3：（３番目の生徒に向けて単語を見せる）... po...... po

T：Everyone?

Ss：popular

S3：（３番目の生徒に言うように促す）popular

T：Good!

　　　...

T：O.K...,（と言って，カードをシャッフルし，バラバラな順番にする）
　　　This line. 横に行きます。

S4：studying

S5：famous

　　　....

T：Now, everyone.（と言って，カードをクラス全体に見せる）

Ss：popular

Ss：famous

　このように，個別チェックも縦の列や，横の列，斜めの列等，指名の順番を変えたり，最後は，全体で言わせたりしながら，変化を与えます。

Section 5

音読の中で単語練習を兼ねる

1つの指導で100%を目指さない

　フラッシュカードによる，①音の確認，②音の模倣，③意味と音の統合，④綴りと音の統合，そして，⑤個別チェックと進んだ後は，音読活動に移ります。つまり，これも変化であり，1回の指導で100%を求めないことです。

　福島県の畑中豊先生の言葉ではありませんが，「**定着は繰り返しの中で**」なのです。繰り返し，英単語に出会わせながら，音や意味，綴りを確認，習得させていきます。

音読の中で，新出単語の読みを確認する

　音読も，最初は，教師の後に繰り返させながら，**音を確認させ**ていきます。よって，生徒の短期記憶を考え，1文を通して繰り返させるのではなく，意味のまとまりごとに区切って，リピートさせていきます。

　この時，新出単語の発音を確認させることができます。

　私の場合，主な区切る場所としては，次のようなまとまりで区切ることが多いです。

①主語が長い時，主語の後ろで

　例）**The people in our country** / love to visit hot spring.

②前置詞の前で

　例）My father often plays golf / **with** my brother.

③不定詞の前で

  例）I went to Okinawa / **to** see my mother's old friend.

④関係代名詞の前で

  例）Look at that red bridge/ **which** was built by my father.

⑤カンマ（,）の後で

  例）When I went home,/ my sister was reading a book.

⑥接続詞の前で

  例）I like apples / **and** I sometimes go to Nagano / to pick them.

⑦現在分詞・過去分詞の後置修飾の前で

  例）I have some pictures / **taken** in Australia.

実際の授業では

T：Open your textbook to page 24. Look at the new words.

  （と言って，口慣らしで新出単語欄の語を繰り返させる）popular

Ss：popular

T：interesting

Ss：interesting

  …

T：Now, let's read the text. Repeat after me. Look.

Ss：Look.

T：Who is that tall man?

Ss：Who is that tall man?

T：He is an English teacher.

Ss：He is an English teacher.

T：teacher （必要に応じ，単語を単体で繰り返し，音を確認する）

Ss：teacher

新出単語を読ませる
―綴りと音の一致―

最初に生徒に文字を読ませる

授業には，変化が必要です。いつも新出単語を見せ，教師の後に繰り返させていたら，生徒は受け身になります。

最初の頃は，それでいいと思いますが，1年生の3学期ごろには，初見で読ませることをしてもいいでしょう。

なぜ，生徒に読ませるのか？

新出単語を見せて，生徒にどんな風に発音するのかを想像させます。

初見で読ませることに挑戦させるのです。そのことで，教師の助けがなくても，自分で単語が読めるという自信や，文字に音があることを知ったり，綴りの規則性に気づかせたりすることができます。

また，効果を期待することは，「単語は前から読んでいけば読めるんだ」ということを学んでもらうことです。

とかく生徒は，単語の細部を見ずに，全体を見て「インタリスティングだ」と覚えます。そうではなく，int で「イントゥ」，e（エ），re（レ），sting で「スティング」というように，文字には音があり，音をつなげていけば単語が読めるということに気づかせたいのです。

これも，実は，1回で完璧に教えるというのではなく，繰り返しながら，少しずつ，生徒に綴りと音の規則性に気づかせ，身に付けていってもらえたらという願いがあります。

実際の授業では

教えなくてもなんとなく読めそうだなあと思ったら，次のように，生徒主導で読ませてみます。

T：（ summer のカードの s を指さして）ここ，何て読む？

Ss：ス

T：ここは？（と言って，u を指さす）

Ss：ア

T：そうだね。u は，/ʌ/ と読む場合が多いですね。

では，ここまでは？（と言って sum を指さす）

Ss：サム

T：Good! sum（サム）…（mer を指で指すと）

Ss：マー

T：続けて！

Ss：サマー

T：意味は？

Ss：夏！

T：Good! Repeat. summer

Ss：summer

T：summer

Ss：summer

T：ここは？（と言って，Australia の Au を指さす）

Ss：オー／アウ？？？

T：Au は，オーと読みます。August も同じだね。

このように，文字を読ませ，音と一致させていく指導もします。

Section 7

フラッシュカードの活用法

フラッシュカードは，フラッシュさせてこそ意味がある

フラッシュカードは，非常に有効な教具です。

もともと，フラッシュカードは，一瞬だけ見せて読ませるという，フラッシュの意味があります。

パッと見たら，パッと英単語が言えるようにするというねらいです。

また，フラッシュカードは，教師の手元にありますので，**生徒の自線が，教師に集まります**。つまり，教師から見て，誰が見ていないのか，誰が集中できていないのかが，前から見てよく分かるのです。

また，生徒の口の形や開き方等も，正面から見て確認できます。

しかし，最近はデジタル教科書になり，目線がスクリーンや大型液晶パネルに向けられます。

フラッシュカードでは否が応でも，集中できていない生徒が自然と視界の中に入ってきたり，生徒の口元が正面から確認できたりしたのですが，やや把握しづらくなります。

フラッシュカードで単語練習に変化を与える

フラッシュカードには，様々な使い方があります。

私の場合は，最初は束になったカードを手に，１枚ずつ見せていき，発音を確認したら，そのカードは机の上に置いていきます。

すると，手元になくなったら，「これで今日の単語はすべて」ということが分かります。１回目は，音に注意させ，はっきりと言って聞かせます。

2回目からは，次のような方法を取りまぜながら，練習させます。

一瞬，見せる（フラッシュ）

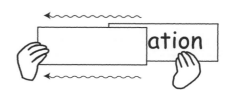

一部を見せる

逆さまにする

日本語を見て言う

3秒間ずっと言う

何の単語か類推させる

Section 8

英単語リストの活用

教わっているうちは学べていない

　何事もそうですが，勉強には，**教わる勉強**と**自分でする勉強**があります。そして，教わっているうちは，あまり学べていないことが多いです。学ぶためには，自分から行動を起こさなくてはいけません。

　音読も単語練習もそうですが，教師の後にリピートしているだけでは，できるようになりません。やはり，どこかで個別練習が必要です。

英単語リストで練習をする

　そこで，レッスンで学習する英単語をリストにして渡す方法があります。左側に日本語，右側に英語を載せておくだけです。

　例えば，まん中の線で追って，左側（日本語）を見て，英語で言ったり，逆に，右側（英語）を見て，読めるかどうかチェックしたり，さらには，左側を見て，英語で書けるかどうかのチェックをしたりできます。

　費用対効果で言えば，たった１枚の紙で，英単語学習の個人練習がすべてできてしまいます。

　また，ペアで行うこともできます。

　一方が日本語で意味を言い，もう片方がそれを聞いて英語で言うとか，その逆もできます。

　生徒は，友達とやり取りする中で，楽しく英単語に触れることができます。

英単語リスト例

1	人気がある		1	popular
2	興味深い		2	interesting
3	有名な		3	famous
4	～で有名な		4	be famous for
5	たくさんの		5	a lot of
6	浜辺		6	beach
7	泳ぐ		7	swim
8	カニ		8	crab
9	子ども達		9	children
10	see の過去形		10	saw
11	楽しい		11	fun
12	飛行機		12	plane
13	いそがしい		13	busy
14	約束		14	promise
15	約束する		15	make a promise
16	catch の過去形		16	caught
17	meet の過去形		17	met
18	南十字星		18	Southern Cross
19	神聖な		19	holy
20	旅行者		20	traveler
21	（人）を見送る		21	see 人 off
22	空港		22	airport
23	～がいなくてさみしい		23	miss
24	送る		24	send
25	便		25	flight

Column 3
完璧な読みを求めない
―点でなく，線で指導する―

　新出英単語を導入し，意味を確認し，発音を確認し，フラッシュカードを用いて，英単語を読めるように指導します。そして，個別チェックを行いながら，英単語が読める生徒を確認していきます。

　しかし，何事も100％を求めることは，弊害がつきものです。

　ある程度，生徒が読めるなあと判断したところで，英単語の読みの学習を終え，Open your books to page ～. と教科書を開かせます。

　教科書にはたいてい，新出英単語が一覧でまとまっていますので，Look at the new words. Repeat after me. と言って，その欄を活用し，新出英単語の読みの練習を行います。これが，読みの練習の２回目です。時間にして１分程度となります。

　続いて，Repeat after me. と言って，本文を繰り返させる時に，３回目の新出英単語の読みの練習ができます。

T：Last Tuesday	**Ss**：Last Tuesday
T：Miki and Takeshi	**Ss**：Miki and Takeshi
T：went to the **market**	**Ss**：went to the **market**
T：**market**	**Ss**：**market**
T：to buy some fruit.	**Ss**：to buy some fruit.

　この時，新出英単語である market を数回，個別に取り出し，発音を確認する等して，「さっき，練習した英単語がここに出てるよね」という感じで気づかせます。この本文での読みが，新出英単語の３回目の出会いとなります。

　このように，英単語の読みの指導でも，１回で勝負するのではなく，様々な学習を通じ，点ではなく，線での指導を心がけます。

書けるようにする！
英単語指導
システム

Section 1

Step 1
「英単語ビンゴ」で，単語に慣れさせる

英単語を楽しく学習！―書く！聞く！見つける！―

　英単語ビンゴの良いところは，**とにかく楽しい！**ということです。また，その楽しさの中で，生徒は，1回は英単語を書くことになります。さらに英単語を聞いて，単語を見つける活動も行います。この過程で，生徒は「ピクチャー」と聞いたら，「p で始まる語だな？」と「スタだから，study だな」と認識し，音を聞いて，文字と結びつけようとします。

　この「単語を聞いて探す」ということを繰り返すことによって，生徒は，**音と文字（綴り）とを徐々に一致**できるようになっていくのです。

英単語ビンゴのやり方

　ビンゴのやり方は非常にシンプルです。

---

①生徒は，ビンゴシートに英単語を書き写します。

②教師は，B の欄，I の欄，N の欄と，順に英単語を言っていきます。

③生徒は，教師が言った英単語に〇をしていきます。

④〇が，縦，横，斜め，どこか一列になるとビンゴです。

⑤ビンゴになると，得点がもらえます。

⑥一度ビンゴになっても，生徒は続けてやっていき，2回目，3回目とビンゴになると，その時の得点がもらえます。

⑦最終的に，ビンゴの得点の合計点で競います。

⑧教師が英単語を20個言った時点でビンゴは終了となります。

英単語ビンゴ　　**Class (　　) Number (　　) Name (　　　　　　)**

B	————	————	————	————	————
I	————	————	————	————	————
N	————	————	————	————	————
G	————	————	————	————	————
O	————	————	————	————	————

B ：book　pen　desk　notebook　eraser
I ：English　study　you　speak　like
N ：play　sport　basketball　soccer　team
G ：teacher　America　friend　live　in
O ：have　use　bag　good　nice

　英単語ビンゴの楽しさは，得点の与え方にもあります。

　最初にビンゴになった生徒は10点，次は９点，次は８点，というように１点ずつ点数を減らしていきます。一度ビンゴになっても継続して行っていき，その都度，得点が加算され，最後はビンゴの得点の合計で競います。

　また，ビンゴポイントには，次のような得点ルールがあります。

〈得点ルール〉

○ダブルビンゴ（その時の得点の２倍）

　一度に２つビンゴ（ダブルビンゴ）になった生徒は，その時の得点の２倍がもらえます。

○ノービンゴ（20点）

　英単語を20個言うと，**No Bingo** の可能性が出てきます。**No Bingo** は，めったにならないので20点とします。

○スペシャルビンゴ（50点）

　最初の５つ英単語を言った時点でビンゴになったら，スペシャルビンゴで50点になります。

実際の授業では

①単語を書き写させる

T：単語を上の欄に書き写します。Bの欄にある単語は，Bの欄に，Iの
欄にある単語は，Iの欄に書いていきます。書き写すのに，1列を30
秒で書けば，2分半で書けますね。では，書きましょう。

②ビンゴのやり方を説明する

T：やり方は簡単です。先生が言った英単語を○していきます。○が縦に
5つ，横に5つ，斜めに5つ並んだら，「ビンゴ！」と言って手を挙
げてください。じゃ，一度練習をしてみましょう。「ビンゴ！」
Ss：ビンゴ。
T：手を挙げて，元気よく，「ビンゴ！」
Ss：ビンゴ！！！
T：ビンゴになったら，先生が得点を言います。その得点を紙のどこか空
いているところにメモをします。一度，ビンゴになったからといって，
終わりではなく，またどんどんビンゴを続けていきます。2回目，3
回目とビンゴになったら，その時の得点をメモしていきます。最終的
に，ビンゴの得点を合計し，勝負を決めます。だから，一度ビンゴに
なっても，そのまま続けていくことを忘れないでください。

③ビンゴを始める

T：では，いきます。Bの欄，desk
Ss：（生徒は desk を見つけて○をする）

T：ついでですので，繰り返しましょう。desk

Ss：desk

T：desk

Ss：desk

T：I の欄。study

Ss：study ...

T：study

Ss：study

　教師は，B → I → N → G → O の順で１つずつ単語を言っていき，O まで行ったら，また B に戻ります。教師が言った英単語を繰り返させることで，ビンゴにリズムができ，〈書く〉〈聞く〉〈読む〉の活動を保障できます。

④ビンゴになった生徒に得点を与える

T：B. eraser

S1：ビンゴ！

T：10 points. ○○さん，空いているところに10点とメモしておいて，また，続けてやっていってください。Next. N. play

S2&3：ビンゴ！（２人手を挙げる）

T：（２人に対して）9 points.

　１ポイントになったら，英単語を20個言い終わるまでは，１ポイントを与え続けます。ビンゴの得点を合計させ，ビンゴ得点シート（世界地図に○がしてあり，世界１周できるような得点板）に記入させ，終了となります。

　英単語を書き写させてから，終えるまで，約10分の活動となります。

　このように，英単語に慣れさせる学習をトップダウン的に行い，その後，明示的に綴りを習得させるボトムアップの学習を行います。

Section 2

Step 2
音のまとまりを意識させる

人が一度に記憶できる量は？

英単語を書けるようにする第1は，音のまとまりごとに練習をすることでした。ただ，闇雲に練習させるのではありません。科学的根拠をもって指導することです。

まず，短期記憶との関連から，長い綴りはいくつかのパーツに分けて練習すると効果的です。ちなみに短期記憶とは，一度に保持できる記憶のことで，数十秒程度しか残らないとされています。つまり，その数十秒の間に，綴りを認識し，書き写したり覚えたりすることを可能にしなくてはいけません。

アメリカの心理学者，ジョージ・ミラー氏は，マジカルナンバー7±2という概念を発表し，人間が瞬間的に保持できる情報の数は「7±2」，つまり5～9個ということであると主張しました。

また，2001年には，アメリカの心理学者ネルソン・コーワン氏が，マジカルナンバー4を発表し，短期記憶で保持できる情報は4±1，つまり，3～5個ということであると主張しています。

音のまとまりごとに練習すると英単語がより覚えられる

私は大学院での研究において2017年に，英単語スペリング習得調査を行いました。対象は，まだ英単語を書いたりすることを本格的に行っていない中学1年生を，2つのグループに分け，1つは，音のまとまりごとに練習させるグループ，もう一方は，ただ練習していくグループとし，事前テストと事後テストでその指導成果を比較しました。これについては，pp.2-3，pp.34-

35でも示しています。

　もちろん，できるだけ条件は同じくし，授業中に使ったプリントは，両グループとも回収し，それを用いての家庭学習はさせないようにしました。

　また，事後テストも，予告はせず，テスト勉強等をすることができないようにしました。

　その結果，音のまとまりごとに練習したグループが，ただ練習しなさいと言ったグループよりも，すべてのクラスにおいて，約2点の差の向上が見られ，統計的にも有意な差となって現れました。

　このことから，**ただ練習しなさいと言うよりも，音のまとまりを意識させて練習する方が，英単語を覚えることへの効果がある**ことが実証されました。

音のまとまりとは？

　上記の実験では，音のまとまりを日本語のモーラを利用しました。

　例えば，popularなら，ポ・ピュ・ラーと，po·pu·larと区切らせて行いました。このことで，1回に見る文字数も2〜3文字になり，音のかたまりが，一瞬で分かります。

　2017年当時は，小学校での英語もそれほど時数が多くない状態でしたので，日本語の音韻（モーラ）で綴りを細分化しましたが，今後は，小学校で210時間の英語学習が行われてくることを考えると，英語の音韻を用いて，音のまとまりに区切ることも可能になってくるかと思います。

　例えば，popularなら音節で分けると，pop·u·larとなりますので，ポップと言いながら，popと書き，その後，ユーと言って，uと書き，最後にラーと言いながらlarと練習させることもできます。

　いずれにせよ，ヒトの短期記憶の範囲には個人差がありますが，一度に目にする分量を減らし，音のまとまりを意識しながら，練習させると効果が出ますので，授業でも，ぜひ，意識して取り入れてもらいたいと思います。

Section 3

Step 3
１日５単語ずつ練習させる

１日に覚える英単語を５つにする

　単語をいくつかのまとまりに分けて覚えるのと同様に，１回に覚える英単語の数を５つまでとしました。その理由の１つ目は，時間の問題です。全員の生徒に，指定した英単語を練習させ，書けるようにするために確保する時間として，５つくらいが，せいぜい，集中が保たれる時間かと考えるのです。つまり，練習が単調にならず，飽きが来ない時間が，英単語５つ程度と考えるのです。

　２つ目は，５つ英単語を書く練習をすると，生徒の中には，最初に学習した英単語が既に忘れかかっているということがあります。つまり，短期記憶の限界です。

　以前，英単語がなかなか覚えられなかった生徒は，３つ目の英単語を練習した後，「じゃ，最初にやった単語，ライク，書いてみよう」と言うと，すでに忘れていて，書けないことがありました。そこで，もう一度，１つ目，２つ目，３つ目…と復習し，４つ目，５つ目…とやりましたが，もうそこで手一杯の状態でした。

１日に５単語×５日＝25英単語

　１日に５単語ずつ，書く練習をすると，５日やると，25個の英単語になります。それが，ビンゴの英単語の数と一致するのです。

　そのシステムで考えると，例えば，今日は，Ｂの欄の英単語を書けるように練習しよう。明日は，Ｉの欄。その次は，Ｎの欄…というように，ビンゴ

で慣れ親しんだ英単語を，今度は，「書けるようにする」という目標に向かって，学習を進化させることができます。

　つまり，英単語ビンゴと新出英単語指導とをうまくリンクさせるのです。

実際の授業では

　ビンゴが終了すると，フラッシュカードを見せながら，音と綴りの関係に気づかせ，音のまとまりで，綴りを練習していきます。

T：では，Bの欄の英単語。book これは，b（ブ）·oo（ウッ）·k（クッ）と覚えます。指を出してごらん。b（ブ）·oo（ウッ）·k（クッ）。

Ss：（空中に練習する）

T：声に出しながら，練習します。b（ブ）·oo（ウッ）·k（クッ）。

Ss：b（ブ）·oo（ウッ）·k（クッ）。

T：そんな感じ。できるだけ大きく書きましょう。
　　　b（ブ）·oo（ウッ）·k（クッ）。

Ss：b（ブ）·oo（ウッ）·k（クッ）。

T：今度は，机の上に，指の腹を使って…b（ブ）·oo（ウッ）·k（クッ）。

Ss：（机の上に指の腹を使って書く）b（ブ）·oo（ウッ）·k（クッ）。

T：いい加減に書いたらダメだよ。しっかり，指の腹で，力強く。
　　　b（ブ）·oo（ウッ）·k（クッ）。

T：Next. pen. pen. p（プッ）·en（エン）。

Ss：p（プッ）·en（エン）。

　このように，ビンゴで学習した英単語を，今度は，書けるようにボトムアップ学習で，指導していきます。

　1日，5つの英単語でいいので，授業中に練習させていきます。

Step 4
小テストを行う

小テストで学習した英単語に，再度，出会わせる

　人間は誰でも，時間が経つと記憶は薄れてきます。特に，重要でない情報ほどすぐに忘れてしまいます。むしろ，人間は忘れることができるから，新しいことを吸収することができると思った方がいいでしょう。

　そこで，前回に書いて練習をした英単語が，どの程度，記憶にあるかどうか，小テストをします。

　小テストのやり方は，色々ありますが，毎回小テストの紙を配って行うのが面倒な場合は，ノートの後ろの方から開けさせ，そこに，教師が言った単語を書かせていく方法があります。

　小テストでは，意味を言って，英単語を書かせることはしません。純粋に，教師が発音した英単語を聞いて，それを書くようにします。

　つまり，変なバイアスを削除するのです。

　意味を聞いて，英単語を書く場合は，まず，意味を聞いて，それがどんな英単語であるか分からなくてはいけません。その段階で，分からなければ，綴りまで書けないことになります。

×　意味　→　音　→　綴り		○　音　→　綴り

　それでは，綴りが書けないのか，元々英単語が分からないのか，どこに原因があるのか分かりません。

　そこで，単純に，教師の言った英語が綴れるかを試します。

小テストのやり方

　小テストには，様々なやり方があります。できれば，教師の負担を減らすことを考えたいです。

①毎回，小テスト用紙を配る
　もっとも一般的な方法は，毎回小テスト用紙を配り，そこに，クラス，番号，氏名を書かせ，教師が言った英単語を書かせる方式になります。

②小テスト用紙を束で渡しておく
　毎回，小テスト用紙を配付する時間がもったいない場合は，学期はじめに生徒1人1人に小テスト用紙の束を渡しておき，時間になったら，生徒が束からパッと紙を取り外し，使う方法です。ホッチキスで留めてあるので，1枚ずつ取り外すことが可能で，小テスト後は，回収することができます。

③1枚の用紙に10回分テストできるようにしておく
　次のように，用紙に解答欄をあらかじめ印刷しておきます。

小テスト用紙　Class（　）　Number（　）　Name（　　　　　　　　）

	No.1	No.2	No.3	No.4	No.5	得点
1						
2						
3						

　回収する時は，班ごとに回収し，配付する時は，班の代表者に配り，代表者から班員に配るようにします。

Section **5**

Step 5
25問テストを行う

英単語の繰り返し学習

　何もしなければ，生徒は学習した英単語を必ず忘れていきます。そこで生徒が忘れそうだな…と思った時に，思い出させていくようなサイクルを作るのです。

　東京大学の池谷裕二氏は，4回繰り返すことで，長期記憶へもっていくことができると言います。池谷氏によると，4回の繰り返しを，次のようなスパンで行うとよいと言います。

　1回目の繰り返し　学習した翌日
　2回目の繰り返し　その1週間後
　3回目の繰り返し　2回目の繰り返しから2週間後
　4回目の繰り返し　3回目からさらに4週間後

池谷裕二（2002）『最新脳科学が教える　高校生の勉強法』（東進ブックス）p.54

小テスト5回が終わると，25問テストができる

　小テストが5回終わるころには，生徒の多くは，最初の頃に学習した英単語を忘れかけています。

　そこで，せっかく苦労して覚えた英単語を忘れてしまうのは，勿体ないことですので，思い出させる機会を意図的に設けます。

　それが25問テストです。ビンゴの順番で，英単語を上から順に並べます。

そして，どのくらい覚えているかどうかやらせてみます。

この段階で，意味と英語を結びつけ，英単語を書かせていきます。

実際の授業では

T：今から25問テストを行います。でも，テストではありません。今まで
練習してきた英単語がどのくらい覚えているかどうか測るものです。

（25問テストを配る）

T：第1回目をやってみましょ
う。時間は2分間です。

Ss：（生徒は黙々と始める）
約2分後。

T：では，ビンゴの紙を出して，
自分で答え合わせしましょ
う。ビンゴのBの欄から，
順番に英単語を並べていま
すので，〇付けはできます
ね。

1問4点で100点満点です。
今日の段階で，全問正解だ
った人？

T：次回，第2回を行いますの
で，今日よりは得点が上が
るといいですね。

Lesson 1　25問テスト			
【1回目】（　　）点		【2回目】（　　）点	
1　本	1 _____	1　本	1 _____
2　ペン	2 _____	2　ペン	2 _____
3　机	3 _____	3　机	3 _____
4　ノート	4 _____	4　ノート	4 _____
5　消しゴム	5 _____	5　消しゴム	5 _____
6　英語	6 _____	6　英語	6 _____
7　勉強する	7 _____	7　勉強する	7 _____
8　あなたは	8 _____	8　あなたは	8 _____
9　〜を話す	9 _____	9　〜を話す	9 _____
10　〜が好き	10 _____	10　〜が好き	10 _____
11　遊ぶ〜をする	11 _____	11　遊ぶ〜をする	11 _____
12　スポーツ	12 _____	12　スポーツ	12 _____
13　バスケ	13 _____	13　バスケ	13 _____
14　サッカー	14 _____	14　サッカー	14 _____
15　チーム	15 _____	15　チーム	15 _____
16　先生	16 _____	16　先生	16 _____
17　アメリカ	17 _____	17　アメリカ	17 _____
18　住む	18 _____	18　住む	18 _____
19　友達	19 _____	19　友達	19 _____
20　〜に	20 _____	20　〜に	20 _____
21　持っている	21 _____	21　持っている	21 _____
22　使う	22 _____	22　使う	22 _____
23　カバン	23 _____	23　カバン	23 _____
24　よい	24 _____	24　よい	24 _____
25　素敵な	25 _____	25　素敵な	25 _____

このように，他人と比較するのではなく，**昨日の自分と比較する**ようにし
ます。また，この25問テストは4回繰り返し，最後の4回目を評価に入れる
というふうに，評価につなげ，頑張っている生徒を評価します。

Step 6

100題テストを行う

25問テストが４回終わると，100題テストができる

　基本的に，１レッスンで25個の英単語を書く練習をしていきます。すると，４つのレッスン（課）が終わると，100題テストができます。

　たいていは，その時期は，長期休業に入りますので，100題テストを，長期休業の宿題とします。しかし，100題と言っても，すべて授業中にやってきた25問テストの４回の集まりです。少し復習すれば，生徒はすらすらと書けるでしょう。

　以前，これらのステップでやっていなかった時には，最初の100題テストの平均点は，せいぜい70点台でした。それが，このシステムで行うと，ある年では，中学１年生の９月の100題テストで，平均83点を超えました。中学１年生の９月と言えば，あまり書くことも慣れていない時ですので，何もしなければ，「英語って難しい！」と思わせてしまうのですが，きちんと指導していけば，「先生！　次の100題テストはいつ？」と，単語テストを楽しみにする生徒が増えてきます。あれほど嫌な単語を覚えることが，逆に，好きになっていく生徒が，確実に増えるのです。

　考えてみれば単純です。既に答えを教えてあるので，生徒はそれを覚えていけばいいだけですから，努力の方向性が見えるのです。

４回繰り返す

　このように，英単語学習を４回繰り返すことで，明示的，また暗示的に，音と綴りの関係に気づかせ，英単語を書くことの継続指導で，英単語を覚え

ることのコツをつかんでいきます。

　私の４回の繰り返しのスパンは次のようになります。

　　１回目の繰り返し　　当日，授業中に練習する。【覚える】⤵
　　２回目の繰り返し　　次の授業で，小テストする。【思い出す】⤵
　　３回目の繰り返し　　２週間後に，25問テストする。【思い出す】⤵
　　４回目の繰り返し　　４か月後に，100題テストをする。【思い出す】

　英語の苦手な生徒，勉強のやり方が分からない生徒は，教師側が勉強内容を思い出させるようにしなければ，どんどん忘れていきます。教師の仕事は，学習内容を教えると同時に，それを長期にわたって覚えていけるように，指導支援していくことであり，それもまた，教師の仕事のうちだと考えます。

実際の授業では

　長期休業（例：夏休み）前の授業で，100題テストを配ります。表面はテスト形式，裏面は答えを入れ，表裏で１枚のプリントにします。

T：では，復習です。１学期にやった単語，どのくらい覚えているか，ノートにやってみましょう。20分したら，裏に答えがあるので，それを見て○付けします。

Ss：（ノートを開き，１番から単語を書いていく）

T：では，答え合わせをします。１問１点で，何点取れたかな？
　　　○付けしてみましょう。

Ss：（○付けする）

T：全部覚えていた人？　１問だけ間違えちゃった人？　90点以上？
　　　これが，夏休みの宿題になります。夏休み明けの初日にテストをします。

Plus 1

「英単語スキル」で，単語の覚え方を指導する

漢字ドリルはあるのに，英単語ドリルがないのはなぜ？

　私は常々，漢字ドリルはあるのに，英単語ドリルはないのはなぜだろう…と思って，いくつかの教材会社に企画してみましたが，なかなか作成には至っていません。でも，**英語嫌いをなくす手立て**は，英単語を書けるようにすることだと思っています。

　英単語が書けるようになると，生徒は**英語学習に自信をもちます**。つまり，やればできるという自信へとつながるのです。

　小学校で定番とも言える，漢字ドリル，計算ドリルで育った生徒は，中学校に行き，英単語学習は，各自に任されます。小学校までは，きちんとドリルで学習していたものを，中学校では**それがない**のです。

　新教育課程になった今，語彙数の増加と伴い，さらに言語活動を通じた指導を重視するあまり，英単語学習がなおざりにならないことを期待します。

英単語スキルの開発

　音のまとまりごとに練習させる教材として，英単語スキルを作成し，授業で行ってきました。

　英単語スキルのねらいは，英単語を覚えることを苦手としている生徒に対して，英単語を書けるようにするスキル教材です。

　つまり，英単語が書ける生徒には必要はないというわけです。

　私の場合，中学1年の1学期は，すべて用意し，使いました。

　また，持ち上がりでない学年の場合，生徒に英単語の綴りの覚え方を教え

るために，ある一定の期間，作成し，生徒に与えました。

　作成してしまえば，使い勝手はいいのですが，作成に多少の時間を要します。なので，これが教材となっていれば，25問テスト，100題テストを含め，教師の労力は減るのになあ，と思っています。

「指書き」「なぞり書き」「写し書き」の３ステップで練習

　光村教育図書の教材に，「あかねこ漢字スキル」というのがあります。
　私が，その漢字習得システムを英単語指導に応用させ，英単語スキルを作ったのが下記になります。

英単語スキル Lesson 1-1

【今日の英単語】
①本（book）　②ペン（pen）　③机（desk）　④ノート（notebook）　⑤消しゴム（eraser）

１ 指で練習しよう	２ ていねいに　なぞりましょう	３ 写しましょう	４ 見ないで書きましょう	
b oo k ブ ウック	b oo k ブ ウック	ブ ウック	ブ ウック	ブ ウック
p en ブ エン	p en ブ エン	ブ エン	ブ エン	ブ エン
d esk ドッ エスク	d esk ドッ エスク	ドッ エスク	ドッ エスク	ドッ エスク
note book ノウトッ ブック	note book ノウトッ ブック	ノウトッ ブック	ノウトッ ブック	ノウトッ ブック
e ras er イ レイス アー	e ras er イ レイス アー	イ レイス アー	イ レイス アー	イ レイス アー

Section 8

Plus 2
1レッスン25個の英単語を抽出する

1つの課で，25個の英単語を抽出する

新出単語指導を英単語ビンゴとリンクさせるために，一番の苦労は，どの英単語を選ぶかです。つまり，どの語彙を習得させたいかです。

試しに1レッスンから25個の英単語を選んでみましょう。

非常に苦労するかと思います。

なぜなら，優に25個を超えてしまうからです。

私は，この「どの英単語を生徒に習得させたいか」を考えることは，教師のよい教材研究になると思っています。つまり，どの語を発信語彙として身に付けさせたいか，また，どの語は，今後の英語学習上，重要になってくるかという指導観に関わってくるからです。

何を基準に英単語を選ぶのか？

そこで，私は，25個の英単語を選ぶ時，まず1レッスンで覚えさせたい，身に付けさせたい英単語を選びます。もちろん25個を優に超えてしまいますので，そこから減らしていきます。

残す基準は2つです。1つは，このくらいの英単語ならば，絶対に書けるようになってほしい英単語は残します。もう1つの基準は，この英単語を練習することで，音と綴りの規則性に気づかせ，他の英単語でも応用できそうな語は，意図的に入れることがあります。

例えば，人名で，Beth があったとしましょう。これは，th の音と綴りの学習に使えます。口の形を教え，歯と歯の間に舌を入れ，発音させながら，

書く練習をさせます。すると，舌を歯と歯の間に入れる綴りは，th なんだと，これを繰り返していけば，暗示的に気づいたり，また，明示的に指導したりして，英単語を書く時の汎用性があります。

　もちろん，他に重要な語彙がある場合は，そちらを優先しますが，時々「なんでこんな単語を練習させるの？」と思われるような語彙も入れる時があります。

　そこで，私はこの25個の英単語（語句を含む）を選ぶことは，教師の指導観と大きく関わりがあり，教材研究の大事な柱になると考えます。

1レッスンで，40個の英単語を抽出する

　もちろん25個でなく，次のように各欄で，８つの英単語を載せ，ビンゴでは，生徒はそこから５つを選び，ビンゴシートに書かせる方式なら，40個の英単語を選ぶことができます。

B：book, pen, desk, notebook, eraser, English, study, you

I：speak, like, play, sport, basketball, soccer, team, teacher

N：....

　英単語学習に慣れ，綴りを覚えるのにそんなに苦労なくできるようになっている生徒に対しては，このように８つ提示し，小テストも８問とし，40問テストを行い，それが４レッスン終わると，160問になります。

　100題テストでは，その160問から100問選んでテストを行うというシステムも可能かと思います。

　語彙数が1600語〜1800語程度となった新教育課程では，生徒が慣れていれば，１レッスンで40個の英単語を選ぶことも視野に入れるとよいでしょう。

　より多くの発信語彙につながるかと思います。

Section **9**

Plus 3
25問テストに4つのコースを設ける

自分でコースを選ぶよさ

　何事も，他人に強制された学習は身に付きません。主体的に，自分から勉強に取り組まないと，効果は出ないものです。

　25問テストも，学力差の大きい生徒たちにとってみると，一律でない方が，生徒の自己肯定感も維持され，英語学習に意欲をもたせることができるでしょう。

　例えば，4つのコースを次のように指定します。

　5問コース（1～5の英単語を書く。1問20点。100点満点）
10問コース（1～10の英単語を書く。1問10点。100点満点）
20問コース（1～20の英単語を書く。1問5点。100点満点）
25問コース（すべての英単語を書く。1問4点。100点満点）

　どのコースを選んでも，100点になるようにします。

実際の授業では

T：25問テストを行います。4つのコースがあります。5問コースは，最初の5つの英単語だけをテストします。1問20点で100点満点です。次に，10問コースです。10問コースは，1～10番までテストします。1問10点の10問で，100点満点です。20問コースは，1番から20番の英単語をテストします。1問5点で100点満点です。最後の25問コー

スは，すべての英単語を書くコースです。１問４点で，100点満点と
なります。

T：今から，自分が挑戦しようと思うコースを選びます。どのコースを選
　んでも，100点満点になります。

T：では，５問コースにする人？

S：（数名，手を挙げる）

T：どのコースでもいいんですよ。では，10問コース？

S：（半分くらい，手を挙げる）

T：はい。20問コース？

S：（５～６名，手を挙げる）

T：はい。25問コース？

S：（２～３名，手を挙げる）

T：では，自分が決めたコース
　の□に✔を入れましょう。
　１分間，練習しましょう。

Ss：（生徒は練習する）

T：では，時間は２分間です。
　はじめ。

Ss：（自分の決めたコースで行
　う）

T：では，英単語ビンゴシート
　を見ながら，答え合わせを
　しましょう。終わった人は，
　下に感想を書きましょう。

Lesson 1 **25問テスト**	Class（　）Number（　）Name（　　　　）

【1回目】（　　　　）点	【2回目】（　　　　）点
□ ５問コース（１問20点）	□ ５問コース（１問20点）
□ 10問コース（１問10点）	□ 10問コース（１問10点）
□ 20問コース（１問５点）	□ 20問コース（１問５点）
□ 25問コース（１問４点）	□ 25問コース（１問４点）

1 本	1＿＿＿＿	1 本	1＿＿＿＿
2 ペン	2＿＿＿＿	2 ペン	2＿＿＿＿
3 机	3＿＿＿＿	3 机	3＿＿＿＿
4 ノート	4＿＿＿＿	4 ノート	4＿＿＿＿
5 消しゴム	5＿＿＿＿	5 消しゴム	5＿＿＿＿
6 英語	6＿＿＿＿	6 英語	6＿＿＿＿
7 勉強する	7＿＿＿＿	7 勉強する	7＿＿＿＿
8 あなたは	8＿＿＿＿	8 あなたは	8＿＿＿＿
9 ～を話す	9＿＿＿＿	9 ～を話す	9＿＿＿＿
10 ～が好き	10＿＿＿＿	10 ～が好き	10＿＿＿＿
11 遊ぶ～をする	11＿＿＿＿	11 遊ぶ～をする	11＿＿＿＿
12 スポーツ	12＿＿＿＿	12 スポーツ	12＿＿＿＿
13 バスケ	13＿＿＿＿	13 バスケ	13＿＿＿＿
14 サッカー	14＿＿＿＿	14 サッカー	14＿＿＿＿
15 チーム	15＿＿＿＿	15 チーム	15＿＿＿＿
16 先生	16＿＿＿＿	16 先生	16＿＿＿＿
17 アメリカ	17＿＿＿＿	17 アメリカ	17＿＿＿＿
18 住む	18＿＿＿＿	18 住む	18＿＿＿＿
19 友達	19＿＿＿＿	19 友達	19＿＿＿＿
20 ～に	20＿＿＿＿	20 ～に	20＿＿＿＿
21 持っている	21＿＿＿＿	21 持っている	21＿＿＿＿
22 使う	22＿＿＿＿	22 使う	22＿＿＿＿
23 カバン	23＿＿＿＿	23 カバン	23＿＿＿＿
24 よい	24＿＿＿＿	24 よい	24＿＿＿＿
25 素敵な	25＿＿＿＿	25 素敵な	25＿＿＿＿

　たいていの生徒は「次は〇〇コースにする」と，今の自分の力に満足せず，
上級コースを選びます。**元々人間には，知的好奇心が備わっている**のです。

Section 10

Plus 4
「英単語ビンゴ」に学習性をもたせる

英単語ビンゴの変化技

「楽しい！」と思わせることはとても大切なことですが，それにプラスして，そこになんらかの学習要素を盛り込めれば，より学習に近づきます。

そこで，ある時，私は，この英単語ビンゴに，英単語を写させるのではなく，**意味を書かせて**みました。英単語を写すことは誰にでもできます。しかし，意味を書いていくことは，より思考を伴います。

生徒は，下記のように，下の段に意味を書いていきます。

B	消しゴム	ノート	つくえ	ペン	本
I	〜が好き	あなたは	英語	勉強する	話す

もちろんビンゴでは，私は英語を言い，生徒はそれを聞いて意味を探し，○をしていきます。このことで，「**英語を聞いて瞬時にその意味を理解する**」という活動にもっていったのです。

日本語を見て，英語で書く

ビンゴが終わると，私は，ビンゴの下にある25個の英単語が見えないように紙を折らせました。そして，「意味を見て，英単語を書いてみよう」としました。テストではありません。書けない英単語があれば，下の折った部分

を開けば，英単語の綴りが確認できます。

　このことで，生徒に，「意味を見て英語を書く」という英単語の自己チェックを可能にしたのです。と同時に，このようにビンゴを学習に結びつければ，徐々に英単語も書けるようになるのではないかと考えました。

　これが後の25問テストへの発想となりました。

実際の授業では

T：今日は，英単語の意味を線の下のところに書いていきましょう。もう，意味はすらすら出てくるかな？　では，始め。

　生徒は意味を書いていきます。分からない意味は，隣の生徒に確認したりしています。

T：Are you ready?

Ss：Yes.

T：The first word is.... B. desk.

Ss：desk.（「つくえ」を○する）

　　　....

T：Add up your points. How many points did you get? 20 or more?

S1：（手を挙げる）

T：How many points?

S1：23.

T：Great!　では，単語が書いてある下の部分を折ってみてください。英単語は見えませんね。では，意味を見て，英語でどのくらい書けるかやってみましょう。テストではありませんので，折ったところを開けば，単語の綴りが分かります。答え合わせもできますね。2分間でやってみましょう。

「英単語スキル」は,
苦手な生徒のためにある

　私の英単語スキルのねらいは,英単語の綴りを覚える練習のためでもありますが,もう一方で,綴りの規則を覚えさせるためのものです。つまり,spelling と spelling **rule** の習得です。よって,自分の力で練習して,英単語が書ける生徒には,必要のないことなのです。しかし,本書でも述べましたが,中学1年生の1学期,または,私が突然受けもつようになった学年の初期には,〈英単語の覚え方〉ということで指導します。そしてある程度,英単語も書けるようになったと思った段階で,次のように指導の簡略化を試みます。

はい！書いてごらん

　フラッシュカードで英単語の綴りを見せながら,「指出して」「書いてみよう」「st·ay」「st·ay」「天井に向かって st·ay」「ペアの方を向いて st·ay」「はい。ノートに書いてごらん」と言って書かせます。書けた生徒は,フラッシュカードを見て,綴りが正しいか確認し,その後,1行分,stay stay stay stay... と書かせていきます。

文字数分だけ書いていこう！

　interesting という語があります。一般的に,英単語が長くなれば長くなるほど,覚えるのは難しくなります。難しいということは,それだけ多くの練習が必要です。そこで,単純に「文字数だけ英単語を書こう」とします。すると,interesting は,11回書くことになります。文字数だけ書くというのは,1つの英単語練習の目安になるのではないかと思います。何度も言うようですが,たくさん書けばいいというのではありません。綴りと音を一致させながら,発音しながら書いていくことが大事です。また,「単語は何回くらい練習したらいいの」と聞かれたら,「覚えるまでです」と答えています。

Chapter

4

慣れ親しませる！
スキマ時間の
英単語指導アイデア

Section 1

英単語・黒板しりとり

対象学年 中学1年～3年　　時間 10分　　準備物 チョーク

しりとりで英単語遊び！

　授業のウオーミングアップや隙間時間，学期末の楽しみ会等で使えるのが，この「黒板しりとり」です。

　やり方は簡単で，英単語の最後の文字で始まる単語を書いてつないでいくだけです。それを黒板上でやるだけです。

　もちろん，同じ単語は，2度は使えません。

　制限時間を2分とし，できるだけ多く英単語を書いた班を勝ちとします。

実際の授業では

T：Let's play the English Shiritori Game! Make a group of six.

Ss：（6人班になる）

T：（教師は黒板を6つに区切り，その上に班の番号を書く）

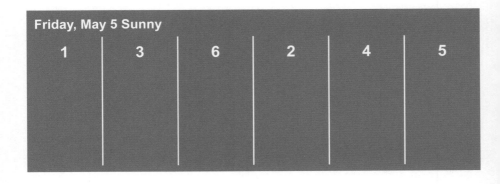

教師は班の1人にチョークを渡し，やり方を確認します。

1　今，チョークを持っている人は，好きな英単語を黒板に来て，書きます。
2　2番目の人からは，しりとりのように，前の単語の終わりの文字で始まる単語を書いていきます。
3　チョークがバトン代わりです。投げたりせず，次の人の席まで行ってチョークを渡します。
4　教科書や辞書等，何も見てはいけません。
5　班員は，黒板のところで書いている人に声に出して教えてあげてもいいです。班の協力が大事です。
6　同じ単語は2度書けないので注意してください。

　説明した後，ゲームを開始します。ゲーム中は，雰囲気を盛り上げるために，運動会で使うようなBGMを流すとよいでしょう。
　2分が経過するとカウントダウンを始めます。

T：OK. 5...4...3...2...1...
　　はい。今，チョークを持っている人でおしまいです。
S：（最後の人が黒板で書いている）
T：Let's check the words. Group 5.

　各班の単語を簡単にチェックしていき，正しい単語数を上に書いていきます。一番多く書けた班から，6点，5点，4点，3点，2点，1点と点数を付けます。
　2回戦は，変化をつけ，例えば「4文字以上の英単語でつなげよう」と制限を付けたりするとよいでしょう。

英単語・時計しりとり

対象学年 中学1年～3年　　**時間** 10分　　**準備物** チョーク

英単語しりとりで一巡！

「黒板しりとり」の続編です。しりとりをしながら，最後は，元の単語に
うまくつながるよう一巡させます。最後の方で，うまくつながらない場合は，
前の人に頼んで，違う単語に変えてもらいます。機転の効く生徒は，うまく
最後の方で，つながるよう英単語を調整することが多いです。

最初，書き出しの文字だけ，教師が指定し，時計しりとりを始めます。

実際の授業では

T：Let's play the English 時計 Shiritori! Make big groups.

Group 1 and Group 2, you are the same group. Move your desks and

get together.（と言って，前後の班をくっつけさせる）

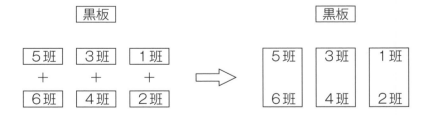

Ss：（前後の班をくっつける）

T：（その間に，教師は黒板を3つに区切り，○を3つ書いておく）

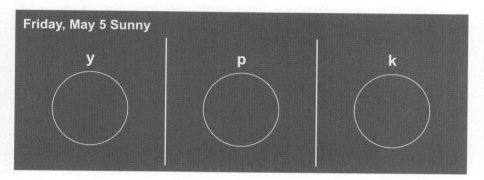

Friday, May 5 Sunny

y　　　　　p　　　　　k

その後，教師は，やり方を説明します。

1　黒板に向かって右前にいる人から，時計回りで順番に，しりとりに
　　なるように単語を書いていきます。
2　最後の人は，最初に書いた人の単語の最初の文字につながる単語を
　　書きます。
3　うまく一巡したら，終わりです。
4　早く書けたチームから10点，5点，3点となります。
5　もし，どうしても最後がつながらない時には，前の人に頼んで，違
　　う単語に書き換えてもらってください。
6　教科書や辞書などを見ずに行います。
7　もちろん同じ単語は2度使えません。

T：では，最初の人は，先生の書いた文字で始めます。
　　（と言って，左側の班から，y, p, k と黒板の上に書き，指定します。）
　　よーい。はじめ！

だいたい3〜4分で，各グループ，うまく時計しりとりが完成します。

Section 3

バラバラ文字からいくつ単語が作れるかな？

対象学年 中学1年～3年　　**時間** 5分　　**準備物** なし

英単語を作ろう！

授業の帯活動でウオーミングアップとして数時間連続して取り入れていくと，文字を見ると，どんな英単語が作れるか考えたくなるでしょう。

黒板に，教師が，例えば t, r, a, b, w, o, p, s, x, i, n, f と書きます。

生徒は，これらの文字を使って英単語がいくつ作れるか競います。

ノートに書かせ，その後，発表させるとよいでしょう。

実際の授業では

T：Let's make words. Today's letters are "t,r,a,b,w,o,p,s,x,i,n,f".

　　（と言って，黒板に書く）

　　Open your notebooks and make words. I'll give you one minute.

Ss：（生徒はノートに単語を書いていく）

T：（教師は生徒がどんな単語を書いているか巡視する）

　　約1分後。

T：OK. Now, stop writing. How many words did you write?

　　10 or more?

S：（手を挙げる）

Ss：すげ～。

T：How many words did you write?

S1 ： 12 words.

T ： Good! Now, can you tell us what words you have made?

S2 ： an

S3 ： train

S4 ： six

S5 ： box

S6 ： fox

S7 ： stop

S8 ： rain

S9 ： rainbow

S10 ： win

S11 ： sit

S12 ： fix

S13 ： fit

S14 ： fin

T ： finって何？

S14 ： 魚のヒレ。

T ： よ～く知っていたね。

　このように，与えられた文字とつなぎ合わせ，英単語を作る過程で，英語の韻に気づいたり，一文字変えたら違う英単語に変わることに気づいたり，文字と音の関連に気づくなど，暗示的に，英単語の増強へとつながります。

　最初，個人で考え，次に班で交流し，そして，全体の前で発表させるという段階を踏むと，英単語への気づきをもたせることができます。

　帯活動で，ある期間，継続してやっていくといいでしょう。

Section **4**

ヒントクイズで，複数の英単語から，ある物を当てよう！

対象学年 中学1年　**時間** 5分　**準備物** ヒントクイズ

英単語を見て，何か当てよう！

　小学校英語では，ヒントクイズを口頭で行いますが，中学校では，ヒントを英単語で見せれば，英単語学習につなげることができます。それをヒントに，何であるかを当てさせていきます。

実際の授業では

T：Today's quiz No.1.
　　brown...（と言って，パワーポイントで，次々と英単語を見せる）
　　mountain....
　　climb a tree....
　　banana...
Ss：分かった！
T：Everyone!
Ss：Monkey.
T：Yes, it's a monkey.（イラストと英単語で示す）

　英単語を見せ，それをヒントに考えることを通じ，知らず知らずのうちに英単語に親しませることができます。意図的に未習の語彙を入れたり，習得に近づけたい語彙は，繰り返しクイズで登場させたりするようにします。

T：Quiz No.2.

long...

in the mountain...

climb a tree...

scary...

S1：また，木に登る？

S2：多分，あれかな？

T：O.K. Talk with your partners.

このように，途中で，隣の人と情報交換させることで，英単語の意味を確認したり，答えを予想したりすることができます。

T：Did you get the answer?

Ss：Yes.

T：The answer is...

Ss：snake?

T：Yes, it's a snake. It's scary.

S1：気持ち悪い？

T：Yes! It's scary. What are scary animals?

S2：frog!

T：Oh, frogs are scary. I don't like frogs. Can you touch them?

S3：Yes! I like frogs.

T：What are scary animals?

S4：なめくじ。

このように，ヒントクイズを行いながら，自然と教室が英語での言語活動の場にもなります。

生徒に作らせ，毎時間，数名に出題者になってもらってもよいでしょう。

Section 5

Odd One Out クイズで理由も言わせよう！

対象学年 中学1年～3年　　**時間** 10分　　**準備物** Odd One Out クイズ

1つだけ種類の違うものはどれ？

教師が4つの英単語を言います。それを聞いて，1つだけ種類の違うものを見つけます。例えば，apple, orange, cherry tomato, strawberry と読み上げ，What is the odd one out? と尋ねます。または，パワーポイントで提示します。そして，1つだけ種類の違うものが何か答えさせます。

また，そう考えた理由を英語で言わせてもよいでしょう。

実際の授業では

T：Look at these. Apple, orange, cherry tomato, and strawberry. What is the odd one out? Which one is a different kind?

S1：Cherry tomato.

T：Cherry tomato is different? Same idea?
Who thinks cherry tomato is the odd one out?

Ss：（手を挙げる）

T：Why is cherry tomato the odd one out?

S1：It is... a vegetable.

T：Great! Cherry tomatoes are vegetables. Did you have any other ideas?

S2：Yes. Oranges are the odd one out.

T：Who thinks oranges are the odd one out?

Ss：（手を挙げる）

T：Why?

S2：Because apples, cherry tomatoes and strawberries are red.

T：Good. Any ideas?

　このように，英単語を示し，1つだけ種類が違うものを考えさせ，そこに理由づけを英語でさせてみます。中学生くらいだと，理由くらいは英語で言えるだけの語彙力や文法力が育っているでしょう。

Odd One Out クイズ例

① dog, cat, penguin, fish
② monkey, snake, bear, sheep
③ elephant, panda, giraffe, tiger
④ car, bike, bus, train
⑤ cat, cow, chicken, pig
⑥ cucumber, carrot, onion, banana
⑦ sugar, cheese, butter, yogurt
⑧ cake, chocolate, lemon, sugar
⑨ Canada, Australia, India, China
⑩ panda, piano, zebra, horse

〈答え〉
① penguin（They aren't pets.）　② sheep（They don't live in the mountain.）
③ panda（They don't live in Africa.）　④ bike（They have no motors.）
⑤ cat（We cannot eat cat's meat.）　⑥ onion（They are round.）
⑦ sugar（The others are made from milk.）　⑧ lemon（They are sour.）
⑨ China（English isn't an official language.）
⑩ horse（They aren't black and white.）

Section 6

ゴミ箱回避！英単語クイズ

対象学年 中学1年～3年　　**時間** 10分　　**準備物** クイズ

人がゴミ箱に落ちる前に当てよう!?

　授業のウオーミングアップで使えるゲームです。教師の思い浮かんだ英単語を生徒が当てていきます。当たらなかったら，人が階段を1段ずつ降りていきます。

　そのまま当てられないと，ゴミ箱に落ちてしまうので，それまでに当てるというものです。

　このゲームを私は英語研修会の参加者から教えてもらいました。昔あったハングマンというゲームと同様の原理です。

実際の授業では

　教師が生徒に見えないように，絵をこっそり見ます。その絵を生徒に当てさせます。ただ当てさせるのはつまらないので，次のような絵を描きます。

T：What's this? I'll give you a hint. 8 letters.

　　（と言って，下線を８本引く）

　　Can you guess what this is? Tell me one letter of alphabet.

S1：h

T：h? Yes.（と言って，５つ目の下線の上に h と書く）

S2：s

T：s? Sorry, it has no "s".（人が１つ階段を降りる）

S3：e

T：Good. "e" is here and here.（１番目と３番目の下線に e を書く）

このようにして，What's this?　ゲームを英単語に当てはめます。

ゲームの変化技

①男女に分け，競わせる

　当てさせる時，男子対女子でやらせてみます。

　最初，出題者を男子にして女子が当てるようにします。出題する英単語は，教科書で習った範囲とします。

　当てられたら女子の勝ちです。

　終わったら，交代します。女子が問題を出し，男子が当てるようにします。

②下線に入れられたら，人が階段を上がる

　外れた時だけ人が階段を降りるのではなく，当てられたら人が階段を上って戻っていくようにします。すると，一旦，当てられず，人間が階段を降りても，また，下線に当てはまる語があれば，その分だけ，階段を上がっていくことができるようにするのです。

Section 7

ワードパズルで，英単語に繰り返し出会わせよう！

対象学年 中学1年〜3年　　**時間** 10分　　**準備物** ワードパズル

英単語を書くことに慣れ親しませよう！

　ワードパズルというのがあります。ヒントを見て，英単語を埋めていくと，縦にある英単語が浮かび上がっていくというパズルです。

　英単語は，なかなか出くわさないと忘れがちになります。このようなワードパズルを通して，英単語に触れる機会をもたせます。

実際の授業では

T : Today, let's challenge the word puzzle.

　　（と言って，下記のようなパズルを配付する）

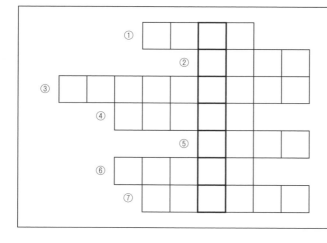

〈ヒント〉

①いそがしい

②背が高い

③素晴らしい

④（値段が）安い

⑤素敵な

⑥大きい・広い

⑦かわいい

T：ヒントを読んで，英語で書き入れてみましょう。すると，縦の太枠に
　　ある形容詞が現れます。その単語は何でしょうか。
　　２分くらいでできるかな？
Ss：（①〜⑦の日本語を英語にしながら，枠に単語を埋めていく）

　教師は机間指導しながら，生徒の様子を観察します。約２分後，答え合わ
せを行います。

ワードパズルで色々な角度から，英単語に触れさせる

　ヒントの出し方も，いくつか方法があります。例えば，英文で提示し，そ
こに下線をつけておけば，生徒は下線に入る語彙を想像します。これは，語
彙の使用に関わり，実際にコミュニケーションで活用できる技能として身に
付ける有効な方法となります。また，イラストで提示することもできます。
特に名詞などでは可能です。また，同意語や反意語で，示すことができます。

■英文で提示
　① Ken has a lot of things to do. He is very ＿＿＿＿＿＿.
■イラストで提示　②　↓

■同意語で提示　③ great　⑦ cute
■反意語で提示　④ not expensive　⑥ not small

生徒に作らせパズル集として配付すると，英単語のよい練習になります。

１つの単語からいくつの単語が作れるかな？

| 対象学年 | 中学１年～３年 | 時間 | 10分 | 準備物 | クイズ用英単語 |

英単語の文字を使って単語を作ろう！

　東京都の谷口幸夫氏から教わったクイズです。氏の指導はいつもシンプルで，すぐに授業で行うことができます。今回は，例えば，strange と黒板に書き，「strange で使われている文字を使って英単語を作ろう」というものです。どんな英単語が作れるでしょうか。考えてみてください。

実際の授業では

黒板に，strange と書きます。

- **T**：strange で使われている文字を使って，どんな英単語が作れるでしょうか。例えば，gとeとtを使えば，get という単語ができますね。ノートに書いていきましょう。
- **Ss**：（ノートに思いつく英単語を書く）
- **T**：時間は３分間としますね。辞書や教科書，何を見てもいいです。３個見つかれば，中学１年生。５個見つかれば，中学２年生。７個見つければ中学３年生。10個で高校生レベルです。

約３分後，答え合わせをします。
- **T**：３つ言える人？
- **Ss**：はい。
- **T**：では，○○君。

S1：set, sat, rat

T：（黒板に書く）ratって何？

S1：ネズミ。

T：mouse とどう違うの？

S1：rat は，ドブネズミで，mouse はハツカネズミ。

T：日本語では，まとめて「ネズミ」って言っているけど，英語では，しっかり２種類に分けるんですね。

他に３つ言える人？

S2：はい。get, ran

T：ラン？

S2：走るの過去形。

T：あ，ran。

S2：それと，net。

T：はい，get, ran, net... Good! さらに３つ言える人？

ちょっと，隣近所と相談してみましょう。

S3：ああ，そうか…。

T：では，さらに３つ？（生徒は手が挙がらない）では，２つ？

S3：はい。eat.

Ss：おお〜〜。それがあったか？

S3：ate. それと，star。

T：出ましたね。まだある人？

このように，他の単語，weather, basketball, carnation, starfish などを使って，授業の隙間時間やウオーミングアップ等で，実施することができます。

Section 9

犬がネコに変わる？

対象学年 中学3年　時間 10分　準備物 なし

1文字変えて，違う単語を作る！

英単語の文字を1文字ずつ変えて，違う単語に変えていきます。

例えば，憎しみ（hate）を愛（love）に変えたり，ネコ（cat）を犬（dog）に変えたりすることができます。

実際の授業では

黒板の上の方に，cat と書き，下に，dog と書きます。

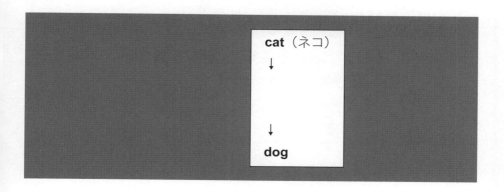

T：今から，1文字ずつ変えて，cat を dog に変えてみてください。例えば，cat の a を u に変えると，cut「〜を切る」という単語になりますね。

友達と協力したり，辞書や教科書を見たりしてもOKです。

時間は3分間です。ノートに書いていきましょう。

では，はじめ。

Ss：（ノートに書いていく）

T：変えた単語が本当にあるかどうか分からない時には，先生に聞くか辞書を引いて確かめてください。

約3分後，うまく変えられた生徒に発表させます。何通りかあるので，他の方法を使った生徒にも発表させます。

遊び心を通じ，英語も「好き」から「大好き」になると期待！

この1文字を変える遊びを通じ，生徒は，色々な単語を組み立てたり，英語の韻を意識したり，英単語の綴りを操作することになります。

また，好き（like）を，大好き（love）に変えるのは，中学1年生でもできます。英語の勉強も「好き」から「大好き」になると期待して…。

Section 10

○○で始まる英単語を集めよう！

| 対象学年 | 中学1年～2年 | 時間 | 10分 | 準備物 | なし |

音と文字を一致させる！

　アルファベット文字には，名称と音があります。そのことは，小学校で学び，慣れ親しんできます。小学校では，/æ/ で始まる英単語と言うように，音で集めてきましたが，明示的に文字を前面に出す中学校英語では，「a で始まる英単語を集めよう」とし，英単語を書かせていきます。

実際の授業では

T：Open your notebooks. Let's write words beginning with "a".
　　　For example, what word begins with "a"?

S1：apple

T：Good.（apple と黒板に書く）
　　　Now, write words beginning with "a" as many as possible in 2 minutes.
　　　Of course, you cannot look at textbooks or dictionaries.
　　　Are you ready?　Let's start!

　教師は机間指導に入ります。生徒がどんな英単語を書いているのか確認したり，また，質問を受け付けたりします。
　約2分後，どんな英単語があったか，出させてみます。

T：O.K. Time is up. Now, how many words did you find?
　　　10 or more?

Ss：（手を挙げる）

T：Great. How many?

S1：15.

T：You found 15 words. So nice.15 or more?

S2：Yes! 16 words.

T：You found 16 words. O.K. Tell me what you found.

S3：aunt

T：aunt. What is that in Japanese?

S3：叔母。

T：Good. Aunt. Anything else?

S4：astronaut

T：Wow, astronaut. What do astronauts do?

S4：Go to ... space.

T：Yeah, astronauts go to space. Do you want to be an astronaut?

Ss：...No.

このように a で始まる英単語を書かせ，発表させていきます。

継続は力なり！新しい発見も！

　このように，「○○で始まる英単語」を続けていくと，例えば，x で始まる英単語は，ほとんどないことを知ったり，また，辞書を見て，「先生！　t のところがたくさんある！」と発見したりします。

　これを帯活動的に取り入れてみると，教わるのではなく，生徒が自分から気づく英単語となり，より英単語が身近に感じ，身に付いていくでしょう。

Section 11

○○で終わる英単語を集めよう！

対象学年 中学１年〜３年　**時間** 10分　**準備物** なし

y で終わる英単語を書いてみよう！

　語頭を問うより，語末を問う方が難しいです。例えば，y で終わる英単語を考えてみましょう。どんな英単語があるでしょうか。

study, day, Sunday, play, stay, fly, ...

英英辞典の機能を使うと，たくさん見つけることができます。

　授業で，「y で終わる英単語を見つけよう」として，時間を２分くらいとり，ノートに書かせていきます。

実際の授業では

T：Open your notebooks.（と言って，黒板に y と書く）

Ss：（ノートを開く）

T：Let's find words ending with "y". What words that end with "y"?
　　　Do you have any ideas?

S1：study

T：Good.（study と黒板に書く）
　　　Now, find words that end with "y" as many as possible.
　　　You can see your textbook and dictionary.
　　　I'll give you two minutes. Let's start.

Ss：（生徒は，y で終わる語を探し書いていく）

約２分後。

T：How many words did you find?

S1：I found 10 words.

T：Can you tell one for us?

S1：Monday

Ss：ああ，そうか…。

T：Good! If you didn't write Monday, write it on your notebook.
　　書いていないものは，書いておきましょう。

　このように，授業の最初に，帯的にある一定の期間，継続して行い，終わりの文字に注意を向けさせます。

どんな英単語があるの？

① -y で終わる英単語

　by, buy, boy, play, way, day, say, away, stay, baby, pay, holiday, birthday, candy, comedy, clay, fly, fry, grey, lady, melody 等

② -s で終わる英単語

　bus, as, clothes, miss, pass, careless, business, across, boss, cross, class, glass, grass, discuss, 等

③ -er で終わる英単語

　tiger, player, speaker, driver, stranger, number, barber, beer, cheer, cucumber, deer, member, better, officer, remember, 等

④ -tion で終わる英単語

　station, nation, education, conversation, occupation, tradition, examination, vacation, generation, information, population, combination, explanation 等

Section 12

○○が入っている英単語を集めよう！

対象学年 中学1年～3年　　**時間** 10分　　**準備物** なし

ea が入っている英単語を書いてみよう！

　英単語には，2つ以上の文字で1つの音を表す綴りがあります。例えば，ea, ee, ch, tch, ght, ph, oo, ay, ai, などがあります。そこで，「ea が入っている英単語を見つけよう」「oo が入っている英単語を見つけよう」と課題を投げかけ，音と綴りの関係性に気づかせ，英単語の構成に興味をもたせましょう。

実際の授業では

T：Today's topic is "ea". Can you find a word that has "ea" in it?（と言って，黒板に，ea と書く）

S1：eat

T：Good. The word "eat" has "ea". O.K. Open your notebooks.
Find words that have "ea" as many as possible. You can see your textbook and dictionary. I'll give you two minutes. Start!

Ss：（生徒は，ea が入っている英単語をノートに書く）

約2分後。

T：Let's check the words. How many words did you find?

S2：12 words.

T：Great! Can you tell us three of them?

S2：seat, teach, teacher

T：Good. 自分のノートに書いていなかったら，書いておきましょう。
Next, who can tell us?

S3：はい！　meat, tea, sea

T：O.K. Nice idea! Anyone else?

S4：reach, beach, peach

T：Great. They are the same sound /iːtʃ/.

S5：pea, 豆，each, eagle

S6：easy, east

S7：先生。イーという発音でなくてもいいの？

T：Yes, if the word has "ea" in it, you can tell.

S7：じゃ，early.

Ss：おお！

S7：earth, earthquake

S8：じゃ，僕も。area, Korea, year

Ss：なるほど〜〜。

S9：sweat, ear, clear

S10：near, bear, dear

T：You've found so many words that have "ea".

家庭学習につなげる

　このように授業で扱うと，生徒は日常生活でも，そのことが気になり，休み時間等に，「先生！　ea を見つけたよ」と言ってくる場合があります。それは，生徒が英単語に興味をもった証です。ぜひ，廊下に紙を貼っておき，そこに見つけた英単語を書き込ませる等，英語環境を授業外に広げましょう。

隠れている文字はな～に？

対象学年 中学1年～3年　　**時間** 10分　　**準備物** なし

□に文字を入れて英単語を作ろう！

　英単語遊びを通じ，綴りや音の規則性に気づかせましょう。例えば，次のように，英単語の一部を□にし，そこにどんな文字が入るか考えさせ，出させましょう。

例）　□ake　□oo□　l□□e　□at　□a□　□each

実際の授業では

T：（黒板に□ake と書く）

　　Look at this. Can you fill a letter in a box and make some words?

S1：make

T：Good.（make と書く）Open your notebook and write words.

　　I'll give you two minutes. Let's start!

Ss：（生徒は，□に文字を入れ英単語を作る）

約2分後。

T：O.K. Can anyone tell us?

S1：lake

T：Yes! lake.

S2：take

T：Good. Anything else?

S3：fake.

T：What is "fake"?

S3：よく，フェイクニュースとか言うじゃん。

T：fakeって，どういう意味？

S3：偽物。

T：Good. You're right.

S4：cake

S5：wake

T：もうないかな？　じゃ，こうしたら？（と言って，□□ake と書く）

S6：snake

S7：shake

S8：brake

S9：awake

S10：quake

T：All of you found many words, if you find some, let me know.

1文字変えたら違う英単語になる！

　このように，文字を入れさせることで，語尾は同じなのに，最初の文字を入れ替えるだけで，違う単語になることに気づかせると同時に，英語の音韻操作に慣れさせることができます。

　□ag 等では，□に a から z まで入れて読もうとし，英語の音韻操作の音の連結を自然と行うことと思います。

　また，□oo□では，/u/ という oo と，/u:/ という oo に気づく生徒が出てくるかも知れません。look や book は，/u/ の音で，moon や noon は，/u:/ という音になります。

下線を引いて，発音チェック！

対象学年 中学1年～3年　　**時間** 10分　　**準備物** なし

「音の取り出し」で，英語の音韻認識能力を育てよう！

　英単語の音に注目させます。例えば，go という単語は，/gou/ という発音になり，o は，/ou/ となります。そういうことを確認しないと，生徒は，/goː/ という発音をしてしまいます。英単語に下線を引いて，音の取り出しをさせましょう。

実際の授業では

　新出単語をフラッシュカードで練習します。その時に，発音に注意したい英単語には，そこの部分に下線を引いて，音に意識させます。

T：bag

Ss：bag

T：bag

Ss：bag

T：ここの（と言って，bag と書き，a に下線をし，カタカナで「ア」と書く）a は，/æ/ と，「あめちょうだ～～～い」という時の「æ」になります。顎を下げるような漢字で，「ア」と言います。

　　　bag

Ss：bag

T：そう。そんな感じ。bag

Ss：bag

T：もう１つ，発音に気を付けたいのは，mother という単語。
ここ（と言って，mother と書き，th に線を引く），th は，舌が歯と歯の間から一瞬出ます。マ・ザー…となります。言ってみましょう。
mother

Ss：mother

T：mother

Ss：mother

bag　mother
[æ]　　[ð]

発音記号は教えた方がいいの？

　発音記号については，発音上，留意したい音，例えば，「ア」の４つの音，[æ][ʌ][ɑ][ə] の区別や，[θ] や [ð]，二重母音の [ou] や [au] など，要所要所で，記号を用いて，英語の音を理解させましょう。

　学習指導要領には次のように書かれています。「発音表記については，特に指導する表記方法や学年に指定はないが，あくまでも**音声指導の補助**として利用することを念頭に置く必要がある（太字・傍点は筆者，解説，p.91）」とあり，音声指導上，必要に応じ，積極的に取り入れるとよいでしょう。

Section 15

神経衰弱で，発音に敏感になろう！

対象学年 中学1年～3年　　時間 10分　　準備物 英単語カード

発音を意識させよう！

英単語カードを作ります。その英単語の一部に下線を引いておきます。その下線の音と同じ音のカードをめくれたら，そのカードがもらえます。いわゆる発音の「神経衰弱ゲーム」です。

実際の授業では

次のようなカードをペアに配ります。

market	make	go	Thursday	steak	park

August	tall	old	heard	went	desk

T：下線が同じ音のカードのペアを作ってみましょう。例えば，どれとどれが同じ音？

S1：went と desk が同じです。

T：そうですね。 we…エ，ですね。de…エ，ともに，/e/ という音ですね。では，下線部が同じ音の英単語のペアを作ってください。時間は，短いよ…。1分で！　Ready! Start!

Ss：できました！

その後，どの語と，どの語が，下線の音が同じかを確認した後，次のよう

に言って，発音神経衰弱を行います。

> T：では，本番です。Turn over the cards on your desks. Now, you will turn over two cards. If the underlined pronunciations are the same, you can get the cards. Plus, you can go again!
> If not, put the cards facing down.
> Do *janken* first.
> Ss：Rock, paper, scissors. One two three.
> T：Winners. You can pick two cards. I'll give you 2 minutes.
> Ready, start!

　実際は，24枚程の英単語カードを用意し，12ペアできるようにします。
　また，カードも何種類か用意し，前後のペアでカードを交換し，2回戦を行えるよう，各ペアで種類の違うものを用意するといいです。

昔からある発音問題は無意味なの？

　昔は，次のような発音問題がありました。しかし現在では，このような問題はなくなりました。それは，音声技能を紙の上で測ろうとしたことが原因です。音声はあくまでも，実際に音にして発音できるかが大事なのです。しかし，よくよく考えると，下記のような問題を行うことで，**「音の取り出し」**を可能にするということを考えると，有効な学習なのではないかと思います。

問題　①〜③の下線部と同じ発音の語を1つ選びなさい。
　① inst<u>ea</u>d　　ア．t<u>ea</u>ch　　イ．w<u>e</u>nt　　ウ．h<u>ea</u>rd
　② cl<u>o</u>ck　　　ア．g<u>o</u>　　　イ．fr<u>o</u>g　　ウ．sm<u>a</u>ll
　③ <u>o</u>ther　　　ア．<u>th</u>ere　　イ．bir<u>th</u>day　ウ．<u>th</u>ink

---

Section 16

音節すごろく

対象学年 中学1年～3年 　 **時間** 10分 　 **準備物** すごろくシート／英単語カード

音節理解が単語を読めるようにする！

　読みの初心者は，英単語全体を見て発音しようとします。読みの熟達者は，英単語を音節のまとまりで読もうとします。例えば，Othello という英単語があったら，初心者は，全体を見て，「何て書いてあるんだ？」と思いますが，熟達者は，O と読んだ後，thel と発音し，最後に lo で，「ロ」と，前から音節を頼りに読んでいきます。

　そこで，音節を意識させるために，音節すごろくを行います。

実際の授業では

　4人組の班を作ります。各班に，音節すごろくシートと，英単語カード（7枚程度×人数＝4人班なら28枚）を配ります。

　やり方を説明します。

音節SUGOROKU

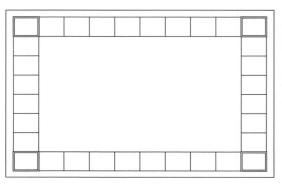

T：Do you have an
　　eraser?
　　Put your eraser on
　　the corner.

Ss：（音節すごろくシートの四隅に4人が消しゴムを置く）

T：Put a pile of word cards in the center. Then, pick one card and pronounce it. You can move your eraser as many as the number of syllables. For example, you pick "Sunday". Sun-day has two syllables, so you can move for two blocks. Then next student picks up a card and do the same thing. You go clockwise. If you come back to the corner, you are the winner.

はい。やり方をグループで確認しましょう。

Ss：（班でやり方を確認する）

T：Did you understand?

Ss：Yes.

T：O.K. Shuffle the cards. Let's start.

　生徒は，順番に英単語カードを引き，英単語を発音しながら，音節の数だけ，消しゴムを進めます。音節がいくつか分からない時や，不安な時は，教師に尋ねるように言います。

　一番早く1周した人が勝ちです。

ルールを追加する！

　2回戦目以降は，次のルールも付け足します。

ルール1	音節の数だけ進んで行き，ちょうど角に止まったら，次の角まで飛ぶことができる。
ルール2	進んで行って，友達の消しゴムがあったら，その上に乗せ，その友達が移動する時，乗ったまま移動することができる。つまり，その分，多く進むことができる。

対戦型英単語ビンゴ

| 対象学年 | 中学1年～3年 | 時間 | 15分 | 準備物 | 英単語ビンゴ |

ビンゴをペアで対戦する！

英単語ビンゴというと，教師が英単語を読み上げ，生徒はその英単語を見つけ，○をするという方法を取ります。

しかし，対戦型ビンゴは，教師は英単語を読み上げません。

生徒が交互に英単語を読み上げ，相手の言った英単語を○していきます。

○が縦，横，斜めに5つ並んだら勝ちです。

対戦型！英単語ビンゴ

like, I, English, make, delicious, dinner, cat, drink, eat, from, meet, nice, teach, teacher, basketball, soccer, team, popular, bike, bus, go, park, study, library, homework

---

実際の授業では

T : Today we are going to play "taisen-gata BINGO".
Copy the words into squares in the grid. 単語を上のマスに書き写します。I'll give you two minutes.

Ss : （生徒は英単語を上の25個のマスに埋める）

約2分後。

T：Did you finish writing words?

Ss：Yes.

T：Today's bingo is taisen-gata. Please listen to me carefully.
（と言って，下記のやり方を説明する）

〈やり方〉
1　ペアになり，席を向かい合わせにする。
2　交互に英単語を１つずつ言っていく。
3　自分が言った英単語は×，相手が言った英単語は〇をする。
4　〇が５つ，縦，横，斜めのどこか１列揃えば勝ちとなる。
5　もし，読めない英単語があったら，スペリングを言うのでもよいとする。

このように，やり方を説明した後，対戦型ビンゴを始めます。教師は，生徒の様子を観察しながら，巡視します。

対戦型英単語ビンゴの特徴

この対戦型英単語ビンゴでは，どの英単語を言う（×にする）かが，ゲームを楽しくさせるところです。

つまり，相手の言う英単語（＝〇）が１列になるように，その部分を空けながら，英単語を言っていかなくてはいけないからです。

思考力が試されます。

また，このビンゴでは，生徒が英単語を「書いて，読みあげ，聞く」という３つの活動を行います。従来の英単語ビンゴと比べると，「読む」という活動が加わっています。

Section 18

形容詞の反意語で英単語を整理しよう！

対象学年 中学2年〜3年　**時間** 10分　**準備物** 反意語英単語リスト

形容詞の反意語！

　語彙指導は色々な側面から行うと，その増強が図られます。今回は，形容詞の反意語の視点から，語彙を整理してみたいと思います。

　中学1年生から，small と big, young と old 等，反対の意味をもつ英単語に出会います。そこで，「反意語英単語リスト」を用意し，一覧に整理します。

　左側に英単語，右側にその反意語を載せ，英単語リストにします。

　授業では，ペアにさせ，片方が左側，もう片方が右側の反意語を読むという形で行うと，生徒はすぐに覚えてしまいます。また，まん中の線で折れば，個人で学習もできます。

　『授業をグーンと楽しくする英語教材シリーズ25　1日5分で英会話の語彙力アップ！中学生のためのすらすら英単語2000』（明治図書）には，コピーしてすぐに使える英単語リストがありますので，ご活用いただけるかと思います。

	反意語英単語リスト		
1	small	1	big / large
2	tall	2	short
3	happy	3	unhappy / sad
4	cold	4	hot
5	warm	5	cool
6	young	6	old
7	new	7	old
8	fun	8	boring
9	clean	9	dirty
10	easy	10	difficult
11	strong	11	weak
12	heavy	12	light
13	lucky	13	unlucky
14	busy	14	bored
15	dark	15	light
16	correct	16	incorrect
17	rich	17	poor
18	kind	18	unkind
19	expensive	19	cheap
20	same	20	different

実際の授業では

「反意語英単語リスト」を生徒に配付した後，英単語の発音を確認してい
くために，教師が左側を読み，生徒に繰り返させます。

次に，教師が右側を読み，生徒は繰り返します。

その後，教師が左側を読んだら，生徒は右側を読むようにさせます。

さらに交代し，生徒に左側を読ませ，教師は右側を言っていくようにしま
す。

ここまで行うと，ペアにし，紙を見ないでも言えるようにしていきます。

T：Make pairs. Move your desks facing each other.
Ss：（生徒は，ペアになり，机を向かい合わせる）
T：Do *janken*.
Ss：（生徒はジャンケンをする）
T：Winners, you read words on the left. Losers, you read words on the
right. Let's start.
Ss：（ジャンケンに勝った人は左側，負けた人は右側を読む）

終わったら席を1つ右に移動し，ペアを替えながら，3～4回行います。

タスクレベルを上げる

技能を身に付けるためには，活動に変化を与えながら，繰り返し行う必要
があります。そこで，途中から，ジャンケンに負けた人は紙を見ないで言う
ようにさせます。すると，形容詞を聞き，その反意語を答えていく形になり
ます。生徒は，このペア活動を通じて，難なく反意語が言えるようになって
いきます。

Section **19**

反意語で Go Fish ゲーム！

対象学年 中学2年〜3年　**時間** 15分　**準備物** 反意語カード

Go Fish ゲームとは？

Go Fish とは，英語圏では最もポピュラーなカードゲームです。
やり方は，以下になります。

〈やり方〉
（準備）

1　4人班にする。

2　カードを各班に1セットずつ配る。

3　1人5枚ずつ配る。余ったカードは，中央に英単語が書かれている面を下に向け，積んで置く。

4　手元のカードに，反意語のペアがあれば，2枚を自分の席の前に開いて置く。

（ゲーム）

5　班の誰かを指名し，その人に向かって，自分が欲しい反意語を，**Do you have "small"?** 等と言う。指名された人は，言われたカードを持っていれば，相手に渡す。持っていなければ，**Go fish.** と言って，まん中にあるカードを1枚とる。

6　時計回りで，5を繰り返す。

7　早く自分のカードがなくなった人が勝ちとなる。

実際の授業では

T：Make a group of four. Move your desks and put your desks together.

Ss：（生徒は4人班を作る）

T：Group leader, come to the front. （と言って，反意語カードを渡す）

やり方を説明します。

T：Group leader, give 5 cards to each member.

Ss：（班代表は，1人5枚ずつカードを配る）

T：Put the extra cards in the center of your desks.

Ss：（余ったカードは，机のまん中に置く）

T：Do you have 反意語ペア in your cards?

Ss：Yes.

T：Then put them on your desk.

　　Do *janken*.

Ss：（ジャンケンをする）

T：Winners? You ask someone in your group, for example,"Takeshi, do you have 'small'?"If Takeshi has 'small', he gives it. If not, Takeshi says, "Go fish". Then you pick one card from a pile of cards in the center. Next is a student sitting on the left. You go clockwise.

T：The first player points someone and asks him or her.

このように，英語で説明を試みるが，もし理解していないようなら，日本語で補足します。

音節パーツをつなげて，英単語を完成させよう！

対象学年 中学1年～3年　　**時間** 10分　　**準備物** ワークシート

次の語を音節で分けてみよう！

次の英単語は，どこで音節が分けられますか？

---

① pencil　　② family　③ famous　④ unkind / kindly

⑤ homework　⑥ India　⑦ apple

音節分けのルール

---

①子音と子音の間で区切る。

②アクセントのある短母音に子音がくっつく。

　（＝アクセントのない場合はくっつかない）

③母音がアルファベット読み（＝長母音）の時，そこで区切る。

④接頭語の後ろや接尾語の前で区切る。

⑤複合語は，その語のまとまりごとに区切る。

⑥二重母音でない単独の母音が2つ重なった時，母音の間で区切る。

⑦ le で終わる単語は，-le を含め後ろから3つ目で区切る。

　ルールに従い，音節で分けると，① pen･cil　　② fam･i･ly　　③ fa･mous
④ un･kind / kind･ly　　⑤ home･work　　⑥ In･di･a　　⑦ ap･ple となります。

　音節に分けたパーツを合わせ，英単語作りに挑戦させましょう。

Worksheet

パーツをつなぎ合わせろ！

☆次の音節パーツをつなぎ合わせ，12個の英単語が作れるかな？

fam	ba	ful	cal	yes	ti
dif	Eng	ner	ter	ap	nan
cer	rab	cult	beau	ple	a
lish	din	ad	dar	bit	en
ly	sal	fi	day	soc	i

ヒント

難しい	カレンダー	家族	バナナ	昨日	サッカー
夕食	英語	うさぎ	サラダ	美しい	りんご

英単語をつなげると，どんな語になる？

対象学年 中学1年～3年　**時間** 10分　**準備物** ワークシート

複合語を扱って，英単語の仕組みに興味をもたせよう！

次の英単語をくっつけるとどんな意味になるでしょうか。

---

① light ＋ house = lighthouse

② house ＋ work = housework

③ school ＋ bag = schoolbag

それぞれ，光の家＝灯台，家の仕事＝家事，学校のカバン＝通学用カバン，となります。このように，実際にある英単語同士を組み合わせ，新しい英単語や語句を作ることができます。

複合語には，2つの英単語がくっついて1つの綴りになる場合や，2語を独立させて書き表す場合があります。

例）温室　greenhouse　水槽　fish tank

〈答え〉

① firefly―ホタル　② housework ―家事　③ airport ―空港

④ notebook ―ノート　⑤ lighthouse ―灯台

⑥ highlight ―強調する　⑦ ladybug ―テントウムシ

⑧ handshake ―握手　⑨ gentleman ―紳士

⑩ seahorse ―タツノオトシゴ

複合語を作ってみよう！

☆①～⑩を英語にすると，どの英単語をつなぎ合わせればよいかな？
　線で結び，英単語を作ってみよう！

①ホタル	•	• note •	• port
②家事	•	• fire •	• work
③空港	•	• sea •	• house
④ノート	•	• light •	• fly
⑤灯台	•	• house •	• book
⑥強調する	•	• air •	• shake
⑦テントウムシ	•	• hand •	• man
⑧握手	•	• gentle •	• bug
⑨紳士	•	• lady •	• light
⑩タツノオトシゴ •		• high •	• horse

☆他にも複合語を見つけて書こう！

イギリス英語とアメリカ英語❶　意味編

対象学年　中学2年～3年　　時間　10分　　準備物　ワークシート

英単語を使用する際も，相手意識をもたせよう！

　イギリス英語とアメリカ英語とでは，同じ意味を表すにも，英単語そのものが違う場合があります。

　例えば，「アパート」は，アメリカでは，apartment と言いますが，イギリスでは，flat と言います。「エレベーター」は，アメリカでは，elevator と言いますが，イギリスでは，lift と言います。

　このように，国によって同じものでも，違う英語で言い表すことを生徒に教え，世界には色々な英語があると同時に，相手意識をもってコミュニケーションを図る大切さを教える機会としましょう。

　例）イギリス英語　　　　アメリカ英語

　　　biscuit　　　　　　cookie

　　　autumn　　　　　　fall

　　　garbage / trash　　rubbish

〈答え〉
　①1階（ground floor / first floor）　②2階（first floor / second floor）
　③アパート（flat / apartment）　④消しゴム（rubber / eraser）
　⑤サッカー（football / soccer）　⑥フライドポテト（chips / French fries）
　⑦休暇（holiday / vacation）　⑧庭（garden / yard）
　⑨映画（film / movie）　⑩エレベーター（lift / elevator）

イギリス英語とアメリカ英語❶　意味

☆次の①〜⑩を，イギリス英語とアメリカ英語ではどんな英語を使うかな？

日本語		イギリス英語		アメリカ英語
①１階	•	• flat	•	• eraser
②２階	•	• ground floor	•	• apartment
③アパート	•	• football	•	• French fries
④消しゴム	•	• garden	•	• second floor
⑤サッカー	•	• rubber	•	• first floor
⑥フライドポテト	•	• first floor	•	• vacation
⑦休暇	•	• lift	•	• soccer
⑧庭	•	• film	•	• movie
⑨映画	•	• chips	•	• elevator
⑩エレベーター	•	• holiday	•	• yard

☆他には何かあるかな？　調べてみよう！

Section 23

イギリス英語とアメリカ英語❷　綴り編

対象学年　中学2年～3年　　時間　10分　　準備物　ワークシート

綴りにも，イギリス英語とアメリカ英語では違いがある！

イギリス英語とアメリカ英語とでは，綴りにも違いがあります。

	イギリス英語	アメリカ英語
① -re / -er	theatre	theater
② -our / -or	colour	color
③ -ise / -ize	organise	organize
④ -yse / -yze	analyse	analyze
⑤ -ence / -ense	licence	license
⑥ -ogue / -og	dialogue	dialog
⑦ -ll / -l	travelling	traveling
⑧その他	tyre / yoghurt	tire / yogurt

生徒には混乱を招かない程度に，単純なものを扱います。

〈答え〉
　①色（colour / color）　②劇場（theatre / theater）
　③味（flavour / flavor）　④ユーモア（humour / humor）
　⑤近所（neighbour / neighbor）　⑥まん中（centre / center）
　⑦メートル（metre / meter）　⑧カタログ（catalogue / catalog）
　⑨タイヤ（tyre / tire）　⑩ヨーグルト（yoghurt / yogurt）

イギリス英語とアメリカ英語❷　綴り

☆イギリス英語とアメリカ英語では，綴りも違う場合があるよ！

日本語		イギリス英語		アメリカ英語
①色	•	• flavour	•	• color
②劇場	•	• catalogue	•	• neighbor
③味	•	• theatre	•	• humor
④ユーモア	•	• colour	•	• flavor
⑤近所	•	• centre	•	• tire
⑥まん中	•	• tyre	•	• theater
⑦メートル	•	• neighbour	•	• catalog
⑧カタログ	•	• humour	•	• meter
⑨タイヤ	•	• yoghurt	•	• center
⑩ヨーグルト	•	• metre	•	• yogurt

☆「〜する人」や比較級の er は，イギリスでも，そのまま er を使うよ。
　例）運転者 driver　選手 player　より小さい smaller

Section 24

和製英語に敏感になろう！

対象学年 中学1年〜3年　　**時間** 10分　　**準備物** ワークシート

和製英語に注意しよう！

　英語使用の際，和製英語と気づかずに，そのまま使ってしまうことがあります。英語と思っていたものが，実は，英語でなかったということに気づかせ，和製英語に敏感にし，コミュニケーションにおける見方・考え方を育てましょう。

〈主な和製英語〉
　①ランドセル　school bag　　②ホットケーキ　pancake
　③ホッチキス　stapler　　④ボールペン　ball-point pen
　⑤ドライヤー　hair drier　　⑥オーブントースター（toaster oven）
　⑦キッチンカー（food truck）　⑧ゴールデンタイム（prime time）
　⑨リベンジ（return match）　⑩ラムネ（lemonade）

〈答え〉
　①ピーマン（green pepper）　②アメリカンドッグ（corn dog）
　③ハンバーグ（hamburger steak）　④シャーペン（mechanical pencil）
　⑤カステラ（sponge cake）　⑥シュークリーム（cream puff）
　⑦ペットボトル（plastic bottle）　⑧ワイシャツ（dress shirt）
　⑨ファイト！（Good luck!）　⑩アルバイト（part-time job）

これでは通じない和製英語

☆①～⑩の和製英語は，英語では何と言うかな？　AとBとを結ぶと，ちゃんとした英語になるよ！

		A		B
①ピーマン	•	• hamburger •		• puff
②アメリカンドッグ	•	• cream •		• dog
③ハンバーグ	•	• green •		• cake
④シャーペン	•	• sponge •		• job
⑤カステラ	•	• corn •		• pencil
⑥シュークリーム	•	• Good •		• pepper
⑦ペットボトル	•	• plastic •		• steak
⑧ワイシャツ	•	• mechanical •		• shirt
⑨ファイト！	•	• part-time •		• bottle
⑩アルバイト	•	• dress •		• luck!

☆他にも，どんな和製英語があるか調べてみよう！

Section 25

複数の意味をもつ多義語

対象学年 中学1年～3年 　**時間** 10分 　**準備物** ワークシート

同じ英単語で，異なる意味をもつ「多義語」！

　中学1年生でも習う old や kind, book には，異なる違う意味があります。時には，それらを比較し，集め，生徒に提示することで，いつも「英語＝日本語」とは限らないことに気づかせ，Nation の言う，語彙の様々な側面に触れていきましょう。

〈主な多義語〉

① book 　本／予約する

② miss 　いなくてさみしく思う／見逃す／乗り遅れる

③ pretty 　可愛い／かなり

④ will 　　～するでしょう／意志

⑤ break 　壊す／休憩

〈答え〉

① old（古い／年取っている）　② kind（種類／親切な）

③ have（持っている／食べる）　④ last（続く／この前の）

⑤ right（右／正しい）　⑥ run（営業する／走る）

⑦ mean（意味する／意地悪な）

Worksheet

複数の意味がある英単語　多義語

☆次の①〜⑦の（　）には，ともに，同じ英単語が入るよ。英文から意味を
想像して，（　）に入る英単語を埋めてみよう！

① This car is really （　　　　　）. I like this type of car.
My grandfather is very （　　　　　）. He's 100.

② What （　　　　　） of music do you like?
Tomomi is my best friend. She's （　　　　　） to me.

③ I （　　　　　） two dogs and one cat.
What time do you （　　　　　） breakfast every morning?

④ I hope this nice weather will （　　　　　） for a few days.
My sister went to Europe （　　　　　） summer.

⑤ Turn （　　　　　） at the convenience store.
I think you're （　　　　　）.

⑥ My brothers （　　　） bakery shops.
I （　　　） 5 km near my house every morning.

⑦ I'm sorry, but what do you （　　　　　） by that?
Look. That boy is my classmate. He's so （　　　　　）.

☆他にも，どんな多義語があるか調べてみよう！

Section 26

このカタカナ語，何の省略なの？

対象学年 中学1年〜3年　　時間 10分　　準備物 ワークシート

カタカナ語は何の省略形？

カタカナ語には，英単語が省略して用いられているものがあります。

例えば，「リモコン」です。remocon と言っても通じません。

では，英語で何と言うのでしょうか。そうです。remote control と言います。または，省略して，remote と言います。

使い方としては，「リモコンはどこ？」は，Where's the remote（control）?，「リモコンとってくれる？」は，May I have the remote? となります。

他には，こんな例があります。

例）エアコン（air conditioner）　　パソコン（personal computer）
　　レジ（cash register）　　　　　パトカー　（patrol car）
　　ドンマイ（Don't mind.）

〈答え〉
　①アイス（ice cream）　②パソコン（personal computer）
　③パトカー（patrol car）　④コンビニ（convenience store）
　⑤エアコン（air conditioner）　⑥リモコン（remote control）
　⑦ガソリンスタンド（gas station）　⑧ドンマイ（Don't mind.）
　⑨レジ（cash register）　⑩ナイター（night game）

このカタカナ語は英語で何と言うの？

☆①〜⑩を英語にすると，どの英単語をつなぎ合わせればいいかな？
　線で結び，英単語を作ってみよう！

①アイス　　　　　　　・　　　・ patrol　　　・　　　・ computer

②パソコン　　　　　　・　　　・ air　　　　・　　　・ control

③パトカー　　　　　　・　　　・ ice　　　　・　　　・ car

④コンビニ　　　　　　・　　　・ cash　　　・　　　・ cream

⑤エアコン　　　　　　・　　　・ personal　・　　　・ station

⑥リモコン　　　　　　・　　　・ convenience ・　　・ conditioner

⑦ガソリンスタンド　・　　　・ remote　　・　　　・ game

⑧ドンマイ　　　　　　・　　　・ night　　　・　　　・ register

⑨レジ　　　　　　　　・　　　・ Don't　　　・　　　・ store

⑩ナイター　　　　　　・　　　・ gas　　　　・　　　・ mind.

☆他にも，どんなカタカナ語があるかな？

Column 5
様々な省略形

　私たちの身の回りには多くの省略形があります。What does CD stand for? と尋ね，元の言い方に興味をもたせましょう。また，What does エアコン stand for? と言って，日本語で使われている省略語も扱うとよいでしょう。

- ・USA（the United States of America）
- ・UK（the United Kingdom）
- ・JA（Japan Agricultural Cooperatives）
- ・ATM（Automatic Teller Machine）
- ・Mos Burger（Mountain, ocean, and sun）
- ・WHO（World Health Organization）
- ・UFO（Unidentified Flying Object）
- ・NG（No good）
- ・BGM（Back Ground Music）
- ・CM（Commercial Message）
- ・MVP（Most Valuable Player）
- ・VIP（Very Important Person）
- ・LED（Light Emitting Diode）
- ・UV（Ultra Violet）
- ・WC（Water Closet）

　頭字語には，PC や CD のように，頭文字を１字ずつ読むイニシアリズム（initialism）と，OPEC や NATO のように，単語のように読むアクロニム（acronym）の２つがあります。UFO は，日本語ではユーホーとアクロニムで読み，英語ではユー・エフ・オウと，イニシアリズムで読みます。

Chapter

5

「知識・技能」を評価する！
英単語テスト
アイデア

Section 1

語彙の意味を理解しているかを問う！受容語彙テスト

文脈の中で，英単語問題を提示する

　新しい学習指導要領では，言語材料等を「実際のコミュニケーションで活用できる技能を身に付ける」という視点で指導することになります。よって，定期テスト等の評価の場では，文脈提示が大事になります。

　例えば，平成31年度の全国学力・学習状況調査問題では，次のように語彙の知識を測る問題として，出題されました。

5

（1）次の英文を読んで，（　）内に入る最も適切な語（句）を，下の1から4までの中から1つ選びなさい。

　People go to（　　　　　　）when they want to borrow books.
You can read books or study there.

1　hospitals　　2　libraries　　3　book stores　　4　restaurants

　「本を借りる時に行く場所」「本を読んだり，勉強したりすることのできる場所」ということで，正解は，2＝libraries になります。

　つまり，単なる「図書館＝library」ではなく，ある状況下で，状況から理解したり，判断したりして，適する語彙を選択するように作問します。

【語彙テスト例】

（問題）Judy（ジュディ）は，ホストファミリーのマナミ（Manami）と，今週末の予定について，話し合っています。①〜⑤に入る最も適切な英単語を，□の中から選び，記号で答えなさい。

Manami : Do you have any plans this （　①　）?

Judy : I will （　②　） the Clean Up River Event this Saturday,
but I'll be （　③　） this Sunday.

Manami : Good. Why don't we go （　④　） in the sea?

Judy : Really? I'd love to. What do I have to do for it?

Manami : You don't have to. My father will prepare for fishing.

Judy : Wow, I'm looking （　⑤　） to it.

選択肢

ア．hiking　　イ．summer　　ウ．free　エ．weekend　　オ．busy

カ．forward　キ．fishing　　ク．join　　ケ．visit　　　コ．prepare

〈答え〉 ①エ　　②ク　　③ウ　　④キ　　⑤カ

問題作成の意図

　受容語彙ということで，英単語の意味が分かれば良しとします。そこで，試験範囲内の語彙を用いて，Judy とホストファミリーの Manami が，今週末のことについて打ち合わせをしているという場面の中で，語彙の意味が理解できているかどうかを測ります。

短い会話文で，適語挿入問題

短い会話文で示す

目標語彙の知識や活用力を測るために，まとまりのある英文の中で問うのではなく，短い会話文を用いるパターンもあります。

例）Maki：I hear that you had a ＿＿＿＿＿ illness. Are you all right?

Bob：Yeah, that was hurt. I was in a ＿＿＿＿＿ for a week.

選択肢	ア．easy	イ．serious	ウ．hospital	エ．difficult
	オ．store	カ．handmade	キ．custom	

文脈を伴った出題とする

短い対話文に下線や（ ）を用い，出題することで，そこには，場面や状況が生まれ，文脈の中で語彙理解や語彙創出を図ることができます。前後の英文から，空所に入る語を推測し，そこに適語を入れる思考は，英語環境という中で行われる実際のコミュニケーションの場に近いものと言えるでしょう。

評価は，「知識・技能」となります。

〈答え〉
（問題1）①イ ②オ ③ア （問題2）① get ② turn ③ on ④ miss

【語彙テスト例】（受容語彙）

（問題１）Judy（ジュディ）は，Maki（マキ）と同じ班になり，鎌倉に修学旅行に出かけています。次の対話文を読み，①〜③に入る最も適切な語彙を□の中から１つずつ選び，記号で答えなさい。

Maki：Where were you, Judy?　We are（　①　）for you.

Judy：Sorry, I have been（　②　）a show on the street.

Maki：Please move in a（　③　）!

Judy：Sorry. I'll do it.

選択肢	ア．group	イ．looking	ウ．having	エ．making
	オ．watching	カ．restaurant	キ．rule	ク．shop

【語彙テスト例】（発信語彙）

（問題２）Maki（マキ）が通りを歩いていると，外国人に話しかけられました。次の対話文を読み，①〜④に入る最も適切な英単語を書きなさい。

Foreigner：Excuse me, could you tell me how to（　①　）to the nearest station?

Maki：Go straight and（　②　）right at the signal.
　　　You can see it（　③　）your left.
　　　You can't（　④　）it.

解答欄　①＿＿＿＿＿　②＿＿＿＿＿　③＿＿＿＿＿　④＿＿＿＿＿

Section 3

正確に綴れるかを問う！発信語彙テスト

受容語彙と発信語彙

　新しい学習指導要領（平成29年告示）では，扱う語彙を1600〜1800語程度とし，「『1600〜1800語程度』の全てを生徒が発信できるようにすることが求められているわけではないことにも留意する必要がある（解説，p.34）」とし，受容語彙と発信語彙の存在を示している。

個々によって，発信語彙は異なる

　「中学校学習指導要領（平成29年告示）解説　外国語編」では，
　「ある生徒が『関心のある事柄』について話したり書いたりするのに必要な語彙は，別の生徒には当面は話したり書いたりできる必要はないといったことが考えられることから，**受容語彙と発信語彙は一律には規定されない**という点にも留意するべきである」（解説，p.34）
と解説する一方，
　「すなわち，**受容語彙・発信語彙の区別をより明確にして**，受容語彙は日常的・社会的な話題を考慮した選定を行い，発信語彙は単元・学年などを超えて繰り返し提示・練習するなどの工夫を行うことが望ましい」（同，p.35）
と解説している。
　「発信語彙は単元・学年などを超えて繰り返し提示・練習するなどの工夫を行うことが望ましい」とあることから，語彙テストは，試験範囲内の語彙のみでなく，既習の語彙すべてを対象にするとよいでしょう。

【語彙テスト例】（発信語彙）

（問題）Judy（ジュディ）は，夏休みの思い出をクラスのみんなに向けて
話をしています。①〜④に入る最も適切な英単語を答えなさい。

 Good afternoon, everyone. I am （ ① ） to see you again.
Did you enjoy the summer （ ② ）? I enjoyed it very much.
My best memory is that I （ ③ ） Mt. Fuji with my host family.
I was tired, but the view from the top was so great. My host father said
"You are standing on the top of Japan." I said to him, "Yes, I am."
That's why Mt fuji is the highest （ ④ ） in Japan.

解答欄　① _____	② _____
③ _____	④ _____

〈答え〉　① happy / nice　② vacation / holidays　③ climbed　④ mountain

問題作成の意図

 試験範囲内の英単語から，発信語彙となる英単語を選び，それを用いて，
場面・状況のある英文を作成します。生徒は，英文を読みながら，どのよう
な状況で，語彙が使われるか推測しながら，（ ）に入る適切な語を判断
し，綴りが正確に書けることをねらいとします。

 このような問題を出すことで，生徒はテスト勉強として，新出単語や試験
範囲内で使われている英単語や語句，既習語彙等のスペリングが書けるよう
に，練習してくることと思います。

Section **4**

英単語の最初の文字を示す単語テスト

最初の文字を示し，語彙を誘導する

例えば，p.139の問題を，次のように最初の文字を示します。すると，前後の文脈から，より指定された英単語が導きやすくなります。

Good afternoon, everyone. I am ① （h　　　） to see you again.
Did you enjoy the summer ② （v　　　） ? I enjoyed it very much.
My best memory is that I ③ （c　　　） Mt. Fuji with my host family.
I was tired, but the view from the top was so great. My host father said
"You are standing on the top of Japan." I said to him, "Yes, I am."
That's why Mt fuji is the highest ④ （m　　　） in Japan.

短文や対話文では？

ねらいとする英単語の綴りが正確に書けるかどうかを測るために，長文でなく，下記のように，短文や対話文でも出題は可能です。

No.1　My sister wants to be a （m　　　） , so she practices the piano very hard.

No.2　Maki：How was your （t　　　） to Kyoto and Nara?
　　　Judy：It was great! I visited many temples there.

【語彙テスト例】

（問題）Mr.Tanaka（田中先生）は，Judy（ジュディ）がアメリカに帰国することをクラスに伝えています。①〜⑤に入る英単語を答えなさい。

Mr. Tanaka： Listen. I have to tell you something ①（s   ）.

Judy will ②（l   ） our school this Friday and she's going back to the States.

Maki： This Friday? So soon. I'll ③（m   ） her.

Let's have a ④（f   ） party for her.

Mr. Tanaka： That is a good ⑤（i   ）.

Are there any students who will organize the party?

解答欄	① _____	② _____
	③ _____	④ _____
	⑤ _____	

〈答え〉 ① sad ② leave ③ miss ④ farewell ⑤ idea

語彙テストの波及効果を望む

　試験範囲内の英単語から定期的に出題させていくと，テスト前に，生徒は本文に使われている英単語や，新出英単語を書けるように練習をしてくるでしょう。テストには，波及効果があります。テストに出題されることが分かると，その勉強を一生懸命に取り組んだりします。語彙に関する問題を10点分は与え，勉強したことが有効にテストに反映されるようにしたいです。

英単語の文字数を示す単語テスト

最初の文字を指定した上で，字数を示す方法もある

　最初の文字を指定するだけでなく，何文字の英単語であるか，□を用いて示す方法もあります。

例）

　Good afternoon, everyone. I am ① (h□□□□) to see you again.
Did you enjoy the summer ② (v□□□□□□)? I enjoyed it very much.
My best memory is that I ③ (c□□□□□□) Mt. Fuji with my host family.
I was tired, but the view from the top was so great. My host father said
"You are standing on the top of Japan." I said to him, "Yes, I am."
That's why Mt fuji is the highest ④ (m□□□□□□□) in Japan.

最初の文字を指定した上で，字数を示す方法もある

　次のように，ターゲットとなる英単語を文脈から書かせることができます。

例）

No.1　My father is a c _ _ _ _ _ _ _ _ _. He builds houses.

No.2　Summer is b _ _ _ _ _ _ spring and fall.

No.3　What is your f _ _ _ _ _ _ _ fruit?

　　　── Watermelon. I love to eat watermelon.

No.4　I went to the l _ _ _ _ _ _ to borrow some books yesterday.

【語彙テスト例】

（問題）Maki（マキ）は，昨夜の出来事を英語で書いています。①～⑤に入る最も適切な英単語を答えなさい。

When I came home, I was ① (s□□□□□□□□) that my father was at home and he was cooking in the kitchen. I ② (a□□□□) him, "Did you finish your work today?" He ③ (s□□□), "I had a business trip near my house, so I came home earlier than usual. I came back just a few minutes ago. Now I have free time, so I ④ (d□□□□□□) to make dinner for my family." He made curry and rice. It was so ⑤ (d□□□□□□□□).

解答欄

① _____ ② _____

③ _____ ④ _____

⑤ _____

〈答え〉 ① surprised ② asked ③ said ④ decided ⑤ delicious

語彙を絞り込む

このように，最初の文字を指定し，文字数を明らかにすることで，より書かせたい英単語を絞り込むことができます。①で，もし最初の文字が指定されてなければ，happy や lucky も正答であり，最初の文字を s と指定した場合は，shocked や sad も可になってしまいますが，文字数が指定されると，surprised くらいしか入らず，書かせたい英単語を書かせることができます。

メモを基に，英単語を埋める単語テスト

メモを見て，英文に入る語を推定する

次のように，日本語でメモがあり，それを見て，英文の空所に適語を入れる出題方法があります。

生徒は，メモを見て英単語を考えるので，そう多く，異なった語彙が正答になることはないでしょう。

例）

Hi, Mike. Thank you for an e-mail. I was happy to know about your school. Today, I want to tell you about my school.

My school is 140 years （　①　）. There are 320 （　②　） in my school. We are very （　③　）. We can see tall buildings from my school. My school is in the （　④　） of the city. We have 16 club activities. Baseball team and soccer team are （　⑤　）.

〔メモ〕
- ・学校は創立140周年。
- ・生徒数は320名。
- ・生徒はみんな仲良し。
- ・学校から高いビルが見える。
- ・学校は町の中心部にある。
- ・野球とサッカーが強い。

〈解答例〉① old　② students　③ friendly　④ center　⑤ strong

【語彙テスト例】

（問題）Maki（マキ）と Takeru（タケル）は，2学期に来る留学生の歓迎会についての案内を作成し，現地の学校に送る予定です。メモを見て，①〜⑤に最も適切な英単語を入れ，案内文を完成させましょう。

〔メモ〕2年C組　留学生の歓迎会　料理を作って，食べよう！
〔日時〕9月4日（木）10：30〜12：30
〔場所〕調理室
〔その他〕・歓迎会に招待する。　　　　　・各班で違う料理を作る。
　　　　　・James もどこかの班に入る。　・8月末までに知らせてほしい。

Hi, James. Welcome to Our Class! We are （　①　） you to a party.

Our class is planning to hold a party on （　②　）, September 4th. The party will be held in the （　③　） room.

We will make six groups. Each group makes different dish. My group will make *okonomiyaki*. It is a Japanese style of pan cake. The other groups will make rice balls, *udon*, soba, *takoyaki*, and rolled-sushi. Which group do you want to （　④　）? Please let us know by the end of （　⑤　）. We are looking forward to seeing you.

---

①＿＿＿＿＿＿＿　②＿＿＿＿＿＿＿　③＿＿＿＿＿＿＿

④＿＿＿＿＿＿＿＿＿　⑤＿＿＿＿＿＿＿＿＿

〈答え〉① inviting　② Thursday　③ cooking　④ join　⑤ August

Section 7

定義文を用いた語彙テスト

あくまでも，実際のコミュニケーションで活用できる視点で

　これからの英語教育では，「実際のコミュニケーションにおいて活用できる」という視点で，授業を組み立てる必要があります。例えば，「『はさみ』って何て言いますか？」「scissors です」ということは，実際のコミュニケーション上，外国人との対話においては，あり得ません。あるとすれば，外国人と話をしていて，はさみを英語で何と言うか分からなくなり，そばの日本人に，「ねえ，『はさみ』って何て言うんだっけ？」「scissors だよ」「ああ，そうか，そうか」という場面なら考えられます。

定義文で示す

　そこで，定義文を示したり，生徒用に分かる英文で説明を行ったりし，受容語彙や発信語彙テストとします。

　例えば，a tool for cutting paper, cloth, etc, made of two sharp blades fastened together in the middle, with holes for your finger and thumb と示し，それが何であるかを答えさせれば，「知識・技能」を測る問題となります。

〈答え〉
　（問題１）①キ　②カ　③エ　（問題２）① museum　② farm　③ street

【語彙テスト例】（受容語彙）

（問題１）アメリカから来た Judy（ジュディ）は，クラスメイトの Takeru（タケル）に，英語である言葉を説明しているよ。（ ）に入るある言葉を，□の中から１つずつ選び，記号で答えなさい。

① (　　　　) are a set of red, yellow, and green lights that control traffic.

② (　　　　) is the activity of taking long walks in the mountains or country.

③ (　　　　) is a small creature that has a long tail, lives in water and grows into a frog or toad.

ア．butterfly	イ．crocodile	ウ．rice field	エ．tadpole
オ．marathon	カ．hiking	キ．traffic lights	ク．snake

【語彙テスト例】（発信語彙）

（問題２）アメリカから来た Judy（ジュディ）は，クラスメイトの Takeru（タケル）に，英語である言葉を説明しているよ。それを読み，それが何であるか，英語で書きなさい。

① It is a building. You can see cultural, historical or scientific things there.

② It is an area of land. People use it for growing vegetables or keeping animals.

③ It's a public road in a city or town. It has houses, shops etc on one or both sides.

解答欄　①＿＿＿＿＿＿＿　②＿＿＿＿＿＿＿　③＿＿＿＿＿＿＿

語彙知識力判定テストにチャレンジ

　中学生に，使用レベルでの語彙知識力を測るための判定テストとして，下記のような語彙選択問題を中学３年生に実施しました。一見したところ，非常に似通った語彙の意味であり，その使い方にまで踏み込まないと，なかなか正答につながらないかと思います。

---

① I have （a lot of / much） time to read books.

② She knows （a lot about Japan. / Japan well.）

③ （Where / What） is your favorite place?

④ A：You went skiing.　B：Yes! I （enjoyed / enjoyed it） very much.

⑤ A：It's cold.　B：（Wear / Put on） this jacket.

⑥ A：I have to go back.　B：It's （ still / only ） 7 p.m.

⑦ It is far from here. You should （take / ride） a bus.

⑧ My grandfather has （grey / white） hair.

⑨ A：Nice to meet you.　B：（Me / You） too.

⑩ A：Are you happy?　B：Yes, I'm （very / very very） happy.

⑪ A：Dinner is ready.　B：I'm （coming / going） now.

⑫ I did my homework （during / while） you were watching TV.

⑬ Nice shoes. How much （is it / are they）?

⑭ I'm busy. I have three （homework / homeworks）.

⑮ Can I have （a water / some water）?

⑯ She has （a long / long） hair.

　なお，本調査では，「２つの語彙のどちらを選ぶか」以外に，「両方とも可」「両方とも不可」を設け，選択肢で答えさせています。

おわりに

　手元に1つの論文が出てきました。中田達也先生の「日本人学習者の英語語意知識測定テストの開発と検証―正答率および応答自信度による評価―」です。私が大学院で語彙指導について研究していた時に読んだ論文です。

　2009年の論文ですから，12年も前の論文です。その論文の中に，「L2語の基本義を知っているにもかかわらず，その単語を誤用してしまうという現象は，外国語の学習者や教師にとって非常に身近な問題である」とあり，まさしく今の時代でも言えることだなあと，Prologue で述べた大学生のライティングと重なりました。Nation（2013）の言う「語彙知識の様々な側面」でも，語彙の〈使用〉という面への指導と配慮が必要になってくると感じています。

　さて，本書の中心は，「英単語の綴りが書けるようになる指導法」です。Step は6つあります。

Step 1　「英単語ビンゴ」で，単語に慣れさせる
Step 2　音のまとまりを意識させる
Step 3　1日5単語ずつ練習させる
Step 4　小テストを行う
Step 5　25問テストを行う
Step 6　100題テストを行う

　また，本書では，「指で練習させる」ということも，英語学習を苦手としている生徒には大事なポイントとなることを確認しました。

　しかし，英単語指導には，〈読める〉〈意味が分かる〉〈書ける〉だけではありません。多くの人が考えるように，語彙の〈適切な使用〉も視野に入れていかなくてはいけません。その手立てとしては，やはり〈使用〉させなければ，〈使用力〉は付かないのです。使わせてみて，語彙使用に不適切さが

ある場合，適切なフィードバックを行い，語彙使用についての理解を深めさせる以外にないと思います。

　もちろん，中間言語やＵ字曲線という考え方もあり，そのような語彙使用を誤るのは，中間言語の期間，また，言語を学ぶ過程でたどるＵ字型の言語習得過程は，母語にも見られることです。それを含みながら，適切な語彙使用が行えるために２つ提案を述べたいと思います。

　１つ目は，当たり前のことですが，「言語活動を積極的に行うこと」です。実際に話してみて，書いてみて，それで語彙の使い方を学んでいきます。私もそうです。今でもそうです。しかし時々，ずるい私がいまして，自信のない語彙や表現はあえて使わず，避けてしまう私がいます。使ったことがなく，自信がないために，他の語彙や表現で，ごまかそうとしているのです。

　つまり，習った語彙を使わせてみて，その使い方でいいんだと思わせることが大事だと実感します。私に自信がないのは，聞いたり読んだりした語彙ではあるが，実際に私がその語彙を使ったことがないために，「あれ？　この使い方でいいのかな？」「誤解を生まないかな？」と思って戸惑ってしまうのです。つまり，〈受容語彙〉をいくら貯めたところで，実際に使ってみないと〈発信語彙〉にはならないと思うのです。そういう意味で，クラッシェンのインプット仮説に加え，スウエインのアウトプット仮説と合わせて考えることが大事だと思います。

　２つ目は，「英作文させること」です。言語活動がなくても，英作文させる中で，語彙使用は図られます。例えば，次の日本語を英語にします。

---

　①（教室で先生が）「明日傘を忘れず持って来てください」
　②（友達に夕食に誘われて）「じゃ，私，何か飲み物持って行きます」
　③（野球を誘ってくれた友達に）「マイクも連れてきていい？」

---

　take を使うか，bring を使うかの語彙使用に関わる英作文です。口頭では，１人１人の言語使用をチェックするのに時間を要しますが，書かせたものを

チェックすれば，時間は少なくて済みます。このように，語彙使用力を高めるために英作文を利用するのです。ちなみに，①②③どれも bring を使います。

さて，今回もまた明治図書の木山麻衣子編集長には，企画の段階から出版に至るまで，大変お世話になりました。アイデアがどんどん湧き出て，そして，それらを形にしていただける場があり，また，実際の教室で，それらのアイデアが活用され，生徒の学力向上につながれば，幸いに思います。常々，一番やりたいことは，直接，生徒に届く教材（ワークブック等）の作成です。なかなか，今あるアイデアの実現には至っていませんが，夢実現まであきらめず，どこかでお世話になれたらと思っています。それが今の夢です。

最後になりますが，いつもながら，温かく執筆期間を見守り，コーヒーを挽いてくれる妻，教員となった2人の娘，そして，全国の英語の先生方からの励ましに感謝し，今後ともどうぞよろしくお願いします。

2021年7月

岐阜大学教育学部　瀧沢広人

〈参考文献〉
Hatch and Brown（1995）. *Vocabulary, Semantics, and Language Education*, Cambridge：Cambridge University Press
池谷裕二（2002）.『最新脳科学が教える　高校生の勉強法』東京：東進ブックス
門田修平編著（2003）.『英語のメンタルレキシコン―語彙の獲得・処理・学習』東京：松柏社
キースフォルス著・土屋武久訳（2009）.『語彙の神話―英語語彙指導の俗信を正す』東京：学文社
Nation I.S.P.（2013）. *Learning Vocabulary in Another Language, Second Edition*, Cambridge：Cambridge University Press
Stuart Webb・Paul Nation（2017）. *How Vocabulary Is Learned*, Oxford：Oxford University Press
瀧沢広人（2004）.『中学英語50点以下の生徒に挑む』東京：明治図書
瀧沢広人・岩井敏行・小山田友美（2013）.『授業をグーンと楽しくする英語教材シリーズ25　1日5分で英会話の語彙力アップ！中学生のためのすらすら英単語2000』東京：明治図書
瀧沢広人・岡﨑伸一（2021）.「中学生の適切な語彙使用に関する調査―母語による負の影響を視野に入れて―」『岐阜大学カリキュラム開発研究 Vol. 37　No. 2』

【著者紹介】

瀧沢　広人（たきざわ　ひろと）

　1966年東京都東大和市に生まれる。埼玉大学教育学部小学校教員養成課程卒業後，埼玉県公立中学校，ベトナム日本人学校，公立小学校，教育委員会，中学校の教頭職を経て，現在，岐阜大学教育学部准教授として小・中学校の英語教育研究を行う。

　主な著書は，『目指せ！英語授業の達人39　絶対成功する！中学校新英文法指導アイデアブック』(2021)，『同38　4達人に学ぶ！究極の英語授業づくり＆活動アイデア』(共著・2020)，『同34　絶対成功する！アクティブ・ラーニングの授業づくりアイデアブック』(2016)，『同30・31・32　絶対成功する！英文法指導アイデアブック　中学1年〜3年』(2015)，『小学校英語サポートBOOKS　英語教師のためのTeacher's Talk & Small Talk入門―40のトピックを収録！つくり方から使い方まで丸ごとわかる！』(2019)，『授業をグーンと楽しくする英語教材シリーズ37　授業を100倍面白くする！中学校英文法パズル＆クイズ』『同29　CanDoで英語力がめきめきアップ！中学生のためのすらすら英文法』(2014)，『同27　文法別で入試力をぐんぐん鍛える！　中学生のための英作文ワーク』(2013)，『同25　1日5分で英会話の語彙力アップ！中学生のためのすらすら英単語2000』(共著・2013)，『同24　5分間トレーニングで英語力がぐんぐんアップ！　中学生のためのすらすら英会話100』(2013)（以上，明治図書）　他多数

中学校英語サポートBOOKS

苦手な子も読める！書ける！使える！
中学校の英単語「超」指導法

2021年9月初版第1刷刊　Ⓒ著　者　瀧　沢　広　人
　　　　　　　　　発行者　藤　原　光　政
　　　　　　　　　発行所　明治図書出版株式会社
　　　　　　　　　http://www.meijitosho.co.jp
　　　　　　　　　(企画)木山麻衣子　(校正)吉田　茜
　　　　　　　　　〒114-0023　東京都北区滝野川7-46-1
　　　　　　　　　振替00160-5-151318　電話03(5907)6702
　　　　　　　　　　　　　　　ご注文窓口　電話03(5907)6668

＊検印省略　　　　　組版所　株式会社木元省美堂

Printed in Japan　　　　　　ISBN978-4-18-345239-9
もれなくクーポンがもらえる！読者アンケートはこちらから